오늘도, 상담실에서

김영아
장혜선

상담 대화로 풀어낸 대학생 학습과 진로

박영사

머리말

우리는 대학의 상담자로 대학에서 다양한 주제의 상담으로 학생들을 만나고 있습니다. 그러면서 지속적으로 등장하는 상담 주제에 대해 이야기를 나누게 되었습니다. 많은 학생들이 비슷한 고민을 하는구나. 우리 역시 비슷한 고민을 하며 대학 시절을 보냈구나, 하는 생각도 했습니다. 대학생들의 공통적인 고민은 미래에 대한 걱정과 불안을 일으키는 '학습'과 '진로'였습니다. 마음은 조급한데 이루어 놓은 건 없는 것 같고, 잘못된 선택일까 봐 두려워 결정은 어려워집니다. 이미 늦은 것 같은 자책감. 과연 잘하고 있는 걸까 하는 불안감…. 아마 많은 사람이 공감할 것 같습니다!

우리는 대학 경험을 통해 이 사회에서 내가 과연 무엇을 잘할 수 있을지 치열하게 분투하는 과정을 거치게 됩니다. 그러나 그 과정은 만만치가 않습니다. 점점 더 완벽해지라고 요구하는 세상. 나만 실패하게 될까 두려워지는 마음. 잘 살아가고 싶어 공부를 하고 직업을 가진다지만, 행복에도 서열화가 생기고 사회의 암묵적 기준에 맞추기 위해 자신을 고통 속으로 내몰게 되기도 합니다. 특히나 학점, 장학금, 성과물, 인턴 지원 등과 연결된 학습의 영역, 적성, 흥미, 취업, 생계와 연결된 진로의 영역은 삶의 미래와 직결된 문제로 여겨집니다. 부담감, 압박감, 불안, 좌절감은 학년이 올라갈수록 커지게 되죠. 상담자인 우리는 이러한 대학생 내담자들의 생존-싸움의 고통을 생생하게 만납니다.

대학에서는 초, 중, 고등학교에서의 학습보다 더-더-더욱 자기주도성이 강조됩니다. 모두가 같은 수업을 듣고, 학습과 생활의 전반을 누군가 알려주던 시절과는 달리 스스로 학습할 과목을 정해서 수강신청을 하고 공부해야 합니다. 때문에 스스로 학습을 계획하고, 실행, 평가의 과정을 만들어가는 연습이 중요합니다. **자유의 시간이 늘어난 것처럼 보이지만 사실은 그만큼 자기 관리의 책임이 늘어난 것입니다**. 또한 이 시기에 학습 방법과 전략, 진로를 탐색하고 결정하는 방법을 배우지 못한다면, 취업 후 직업 적응에서도 어려움을 겪게 됩니다.

그렇다면 학습 및 진로 상담에 온 대학생 내담자들에게 도움을 줄 만한 것은 무엇일까요? 리얼리티 프로그램이나 영상을 보고 거기에서 자신의 이유를 찾으려는 학생들에게는 어떻게 다가갈까요? 또 학생들에게는 어떤 도움이 더 유익할까요? 어떤 대화를 통해 상담전략을 구성하는 것이 좋을까요? 저자들 역시 이러한 고민의 과정을 끊임없이 반복하고 있습니다.

이 책의 기본 관점은 상담에서 대학생 내담자들과 **학습과 진로를 대하는 삶의 태도를 함께 나누는 것이 필요**하다는 것입니다. 삶의 과정에서 무언가를 배워나가려는 태도, 자신을 있는 그대로 탐색하며 강점을 찾는 태도가 결국 대학이라는 하나의 사회에서 배우는 '학습과 진로'라고 생각하기 때문입니다. 이 관점을 바탕으로 저자들은 대학상담 현장에서 시간이 지나도 계속해서 등장하는 전형적인 주요 고민 주제들을 선정했습니다. 이를 간단한 가상의 사례로 만들어 쉽게 읽을 수 있도록 대화의 형태로 공유하고 싶었습니다.

즉, 이 책에서는 대학생 내담자가 학습 및 진로 영역에서 고민하는 전형적인 주제들을 가상의 사례로 만들어, 실제 상담 장면을 보듯이 대화를 구성했습니다. 상담 목표, 상담 전략, 상담 기법은 축약하여 상담자 언어에 담고자 했으며, 상담자의 중요한 개입은 박스 형태와 간략한 활동지, 척도 형식으로 담았습니다. 물론 실제 상담에서는 활동지나 척도를 직접 활용하기보다 대화를 통해 구체적인 내용을 찾아가지만, 내담자들의 고민 유형에 맞춘 상담 기법을 더 명료하게 제시하기 위해 표나 이미지를 사용했다는 점을 알려 드립니다. 누구든지 책을 읽으면서 재미있게 적용해 볼 수 있도록 말이죠! 학습과 진로에 관한 생각이 과제처럼 여겨지지 않고 이해하기 쉬운 활동으로 인식되길 바랍니다. 이를 위해, 김영아 상담자는 1장 학습동기, 4장 집중력, 5장 호기심, 6장 자기이해 영역을 기술하고, 장혜선 상담자는 2장 시간관리, 3장 효과적인 필기법, 7장 성취감, 8장 직업적응을 기술했습니다. 우리는 이 책이 아래와 같이 활용되기를 바랍니다.

✔ 이런 선생님들에게 추천합니다.

- 내담자의 막막한 어려움 호소에 어떤 말로 이어나가야 할지 고민스러운 상담자
- 대학생 학습과 진로상담 영역에서 구체적 솔루션이 궁금한 상담자
- 코칭, 컨설팅, 단회 상담 등을 기대하는 대학생 내담자를 만나게 된 상담자

✔ 이렇게 활용해주세요.

- 대화 중 박스로 표시한 주요사항을 확인해주세요. 상담의 질을 점검하는 한 줄이 되어줄 것입니다.
- 대학생 내담자가 자주 호소하는 주제와 상담자의 전략이 활동지와 척도 형태로 제시되어 있다는 것을 기억해주세요. 한 문장, 한 문장이 상담자의 언어가 됩니다.
- 초보 상담자라면 상담사의 질문과 반응을 확인하세요. 처음 누군가의 말을 따라 연습하는 것은 이후 자신만의 상담 언어를 만드는 기초가 됩니다.

저자들이 상담 현장에서 해왔던, 그리고 앞으로도 계속 해나갈 고민과 비슷한 길에 있을 동료 상담자들에게 조금이나마 도움이 되길 바랍니다.

그리고 이러한 우리 모두의 노력이 내담자들에게 선한 영향력으로 작용하기를 기대합니다.

마지막으로 저자들의 원고를 반짝이는 마음으로 살펴봐주신 출판사 박영스토리의 이선경 부장님, 조영은 대리님 진심으로 감사드립니다. 또한 지도교수님이신 이종연 교수님, 안귀여루 교수님, 저자들을 대학상담자의 길로 초대해주신 박제일 교수님께 감사함을 전합니다. 그리고 저자들이 항상 따뜻한 마음으로 세상을 살아갈 수 있는 힘이 되어 주는 사랑하는 가족들에게도 이 기회를 빌려 고마움을 전합니다.

2025년 11월

김영아, 장혜선 씀

차례

대학생 학습상담 편

대학생 진로상담 편

대학생 학습상담 편

제1장 학습동기

1 재미없고 무기력해요

상담사 이나씨, 안녕하세요. 요즘 학교생활이 전혀 재미없어 마음이 무겁겠네요.

이나 요즘에 학교 가서 수업을 들어도 교수님 말이 뭔지도 잘 이해가 안 되고요. 진짜 솔직히 말하면, 이걸 왜 들어야 되는지도 모르겠어요. 뭔가 공부하고 싶은 마음이 전혀 없어요. 무기력하게만 느껴져요.

상담사 그렇군요. 공부할 마음이 없다는 것은, 학습 동기가 없게 느껴지나 보네요.

이나 맞아요. 동기가 없어요.

언제부터 무기력하다고 느끼게 되었는지 떠올려보기

상담사 언제부터 그런 마음이 있었는지 기억날까요? 계기가 되는 시점이 매우 중요하거든요.

이나 그래요? 계기? 글쎄요. 제 생각에는 그래도 중학교? 그때까지는 공부를 잘하기도 했고, 괜찮았던 것 같아요. 성적이 나쁘지 않았거든요. 근데 고등학교 가면서부터 성적이 조금씩 하향세더니, 고3 될 때까지는 성적이 좋았던 적이 없던 것 같아요. 흐흐. 휴…….

상담사 지금은 공부 생각만 해도 한숨이 나오나 보네요.

이나 그렇죠. 너무 무기력해지고, 답답하기도 하고. 성취감? 그런 걸 언제 느껴보았나 이제 기억도 안 나요.

상담사 네. 공부할 때 성취감, 너무 중요하긴 하죠. 성취감도 우리가 느끼는 하나의 감정이기도 한데, 이나씨가 어떤 종류의 감정이 자주 생각나고, 더 집중되는지 궁금하네요. 학습 동기를 생각해 볼 때, 나에게 중요한 감정은 무엇이고, 스스로 어떤 종류의 감정이 충족되지 않는 것 같이 느껴져서 학습에 방해되는지 살펴보는 것도 좋거든요.

이나 복잡하네요. 그냥 감정 같은 거 없이, 괴로운 생각 없이 해야 할 공부에 집중할 수 있으면 좋을 것 같은데요?

상담사 맞아요. 그럴 수 있다면 좋겠죠. 감정이나 생각은 그저 그냥 떠오르거든요. 늘 우리 마음 안에 붕붕 떠다니고 있다고 보는 게 맞아요. 물론 의도적으로 다른 감정과 다른 생각을 떠올리고, 선택하는 연습도 가능하긴 하지만요.

이나 그럼 어떻게 해야 하나요?

상담사 먼저, 이나씨한테 중요한 감정을 한번 정리해보죠. 성취감을 키워드로 생각해 본다면, 사실 성취감은 과거를 통해 오는 감정이라고 볼 수 있어요.

이나 과거요?? 제가 지금 하는 공부에서 못 느끼는 건데요?

상담사 성취감은 결과를 통해서, 자신의 노력이나 성과를 인정하면서 느낄 수 있는 감정이기 때문이죠. 이나씨 말처럼 그래도 공부를 잘

했던 중학교 시절을 떠올리면 성취감도 느꼈는데 현재 그런 감정을 느낄 수 있는 것이 없다면 현재의 내가 조금이라도 "성취감"을 느낄 만한 무언가를 만들어주는 것이 중요할 수 있거든요. 만약 정말로 공부에서 성취감을 조금도 찾을 수 없다고 하더라도 다른 무언가를 통해 스스로에게 제공해주고, 역으로 조금 더 공부할 수 있는 환경을 만들어볼 수도 있는 거죠.

이나 네. 그것도 방법이겠네요.

과거-현재-미래에서 중요한 긍정 감정 올리기 위해 할 수 있는 일 찾아보기

상담사 그럼 과거-현재-미래로 나누어서 학습동기와 관련된 긍정적 감정을 한번 확인해볼까요? 이나씨가 중요하다고 생각하는 감정과 현재 느끼는 정도를 점수로 점검하고, 그 감정을 일상에서 더 느끼기 위해서는 어떻게 하면 좋을지 한번 생각해봐 주세요.

이나 공부가 하기 싫지만 이러고 있는 제 자신이 불안하고, 다른 사람들을 보면 부럽기도 해서 부정적 생각만 했는데, 따지고 보면 긍정적인 감정은 생각해 본 적이 없네요.

<table>
<tr><th>활동</th><th colspan="6">감정과 동기의 연결고리 찾기(참고: Seligman, 2002)</th></tr>
<tr><th>시점</th><th colspan="2">긍정감정 종류
(나에게 가장 중요한
감정에 체크)</th><th>중요도
(10점)</th><th>–</th><th>현재
점수
(10점)</th><th>결과</th></tr>
<tr><td rowspan="2">과거 경험을 통한
긍정 감정</td><td colspan="2">만족감, 안도감, 성취감,
자부심, 평정심</td><td></td><td>–</td><td></td><td>=</td></tr>
<tr><td>없을 시
직접 작성</td><td></td><td></td><td></td><td></td><td></td></tr>
<tr><td rowspan="2">현재 집중을 통한
긍정 감정</td><td colspan="2">기쁨, 평온함, 열정,
즐거움, 몰입</td><td rowspan="2"></td><td rowspan="2">–</td><td rowspan="2"></td><td rowspan="2">=</td></tr>
<tr><td>없을시
직접 작성</td><td></td></tr>
<tr><td rowspan="2">미래 상상을 통한
긍정 감정</td><td colspan="2">낙관성, 희망, 신념, 긍지</td><td rowspan="2"></td><td rowspan="2">–</td><td rowspan="2"></td><td rowspan="2">=</td></tr>
<tr><td>없을 시
직접 작성</td><td></td></tr>
</table>

TIP! 과거의 좋은 경험은 제대로 평가하고, 현재의 하루하루에 충실할 수 있는 것을 찾아 지금 바로 시행하고, 미래에 자신이 원하는 모습을 구체적으로 상상하여 희망감을 떠오르게 하는 연습 필요!

상담사 어떤가요?

이나 별로 기쁜 일이 없고, 졸업해도 희망적이지 않으니까 제가 과거에 매여 있다는 생각이 들어요. 좋았던 일이든 안 좋았던 일이든 예전 일을 자꾸 떠올리는 것 같아요. 그러다 보면 또 시간만 지나가서, 뭘 했나 싶고요. 그냥 무기력하게 하루가 지나가는 느낌이에요.

상담사 그래요. 현재가 즐겁지 않아서 머릿속으로 '생각'만 하게 된다는 뜻으로 들리네요. '동기'라는 것도 생기게 하려면 결국 몸도 좀 움직여야 하거든요?

이나 운동하라는 건가요?

상담사 그것도 좋고요.

이나 …….

상담사 너무 뻔해서 할 말을 잃었나요?

이나 흐흐. 그렇기도 하고. 그렇게 도움이 될 것 같지 않아요.

상담사 맞아요. 저도 운동을 잘 하지 않는 사람이라, 꼭 운동이라고 말하고 싶지는 않아요. 다만, 그런 이야기가 나오는 이유는 무기력한 순간이 오면 당장 몸을 움직여 할 수 있는 것부터 시작해야 하기 때문이에요. 생각만 하는 것에서 행동하는 습관을 만드는 것이 중요해서 나오는 말이라는 거죠.

이나 그렇게 해서 언제 나아지나요?

상담사 맞아요. 정말 궁금하죠. 아쉽게도 한방에 무기력이 사라지는 방법은 없답니다. 무기력은 늘 우리 주변을 왔다갔다 하니깐요. 그래서 그저 한 걸음씩 행동할 수 있는 것을 통해, 루틴(routine)을 만들어가는 거예요. 한번 상상해보세요. 누군가 이나씨에게 내일까지 충전이 필요 없는 휴대폰을 만들어 오라면 가능할까요?

이나 그러게요. 불가능하죠.

상담사 네. 어떤 일이든 단계나 과정이 필요할 거예요. 너무 재미없고 무기력하다고 느껴지는 날에는 이나씨를 즐겁게 할 활동을 바로 해보세요. 한 30분 정도? 그리고 학습해야 할 것들을 옆에 두고 또 시도해보는 거죠!

이나 네. 그럼 일단 한번 찾아볼게요.

2 전공 공부는 동기가 안 생겨요

상담사 잘 보냈나요?

이나 수업은 듣고 있지만, 여전히 동기가 안 생기더라고요. 9시나 10시 수업이 있을 때 딱딱 맞춰가지도 못해요. 조금씩 지각을 하기도 해요. 아예 안 가는 것도 아닌데 수업 시작하고 5분, 10분? 그 정도 지나면 딴 생각이 나고요. 집중도 안 해요. 그러다 보면 뭐 하러 여기 앉아 있나 싶죠.

상담사 최대한 수업에 앉아 있으려고 하나 보네요.

이나 흐흐. 그렇다고 볼 수 있죠. 전공 공부에는 진짜 동기가 잘 안 생기네요.

상담사 그렇죠. 동기라는 것이 자동 생성되는 건 아닐 테니깐요. 다만, 이나씨가 전공에 대한 관심이나 의욕을 찾기 어려운데도 어떤 이유에서든 수업을 듣고자 한다는 것 자체가 중요한 힘과 동기일 수 있어요. 그 힘은 어디서 나오나요?

이나 이게 힘이라고 할 것까지 있나요? 그냥 나중에 잔소리를 들을 것 같기도 하니까 그런 것뿐인데….

상담사 동기란 것이 뭐, 아주 대단히 특별한 존재는 아니랍니다. 동기는 결국 우리에게 어떤 행동을 하게 하는 힘, 그 행동을 지속하게 하는 힘일 수도 있어요.

이나 그래요? 그럼 동기가 뭔데요?

그래도 스스로 하고 있는 활동 찾아보기

상담사 동기란, 힘(Energy)과 방향(Direction)으로 이루어져 있거든요. 어떤 형태의 에너지이든 특정 방향을 향해 나아가게 하지요. 간단하게는 점심 메뉴를 고르기 위해서도 직접 요리를 할지, 배달을 할지 결정하고 그에 맞는 행동을 하게 되잖아요?
전공이 재미가 없는데도 수업에 최대한 가려고 노력하는 것 외에도 누가 시키지 않아도 이나씨가 스스로 하고 있는 행동들은 무엇인지 한번 생각해볼래요?

이나 그다지…. 생각나는 것이 없는 것 같아요. 별로 하는 게 없는 것 같은데.

상담사 네. 막상 생각하려면 무엇을 하고 일상을 보내는지 떠오르지 않을 수 있어요. 그렇지만 이나씨가 정말 하루 종일 아무것도 안한 채로, 아무 생각도 안한 채로 지내진 않을 거예요. 한번 천천히 떠올려 보세요.
예를 들어, 우리가 그냥 멍하니 SNS만 보는 것 같아도 그게 어떤 복잡한 생각을 잊기 위한 행동일 수도 있죠. 또 나는 그저 게임만 실컷 하고 시간을 보내지~ 하고 생각해도 그 이유가 게임의 스토리가 마음에 들어 푹 빠져 재미있다고 느낄 수도 있고, 친구들과 이야기하고 힘을 합쳐 무언가 도전하는 게 좋아서 하고 있을 수도 있거든요. 그러니까 어떤 행동이든 그 이유는 사람마다 다르지 않겠어요?

이나 뭐, 그렇기는 하겠죠. 음……. 그래도 수업에 안 나가고, 전공 공부는 안 한다고 해서, 특별히 제가 또 하고 싶은 일이 있거나 할 일이 있는 건 아니거든요? 학교생활이라고 하는 게 그렇게 많지도 않고요.

제가 뭐라도 찾아보려고, 동아리 같은 것도 들어보고 했거든요. 들어가서도 여러 사람이랑 친해지기보다는 원래 좀 알았던 애들 몇 명하고만 친해지는 게 다였어요. 그래서 그냥 진짜 친한 친구 몇 명만 만나서 가끔 술 마시고. 학교생활도 이 정도지, 특별히…. 다른 거는 진짜 별 게 없어요.

상담사 전반적으로 학교생활이 별로 없다고 느껴지나 보네요. 지금 전공 영역 중에서 그래도 가장 마음이 가는 과목이 있나요? 예전이든 지금이든.

이나 원래는 어렸을 때 수학을 좀 좋아했었거든요. 그래서 그거는 지금도 어느 정도 이해가 되어서 그런지 재미있게 보는데. 학과에 와서는 데이터 코딩하고 이런 것들을 배우고 있거든요? 제가 그런 과목은 전혀 흥미가 생기지 않는데, 전공 필수란 말이죠. 그런 과목들은 못 따라가는 것 같아요.

그러다 보니 진짜~ 솔직하게 얘기하면요. 꼭 대학을 졸업해야 된다거나 이런 건 아니거든요. 제가 할 일이 있다거나 정말 하고 싶은 게 있으면 대학을 꼭 나와야 된다는 생각은 아닌 것 같아요.

현재 고민은 자신을 위한 최선의 고군분투라는 사실을 기억하기

상담사 네. 지금 고민을 들으니 이나씨는 정말로 자신이 좋아하고 잘할 수 있는 일을 꼭 찾고 싶어 한다는 마음이 드네요. 그건 아주 귀한 마음이에요. 자신을 위해 최선의 길을 찾기 위해 고군분투하는 거니깐요. 또 지금 이 고민은 스스로에게 보내는 중요한 신호가 되고요!

이나 좋게 봐주셔서 감사해요.

상담사 하하. 그럼 현재 대학 생활 이외에 무언가를 해보고 싶은 것을 목표로 삼을 만한 게 있나요?

이나 지금 제가 제일 고민인 게 그건데요. 지금 딱 뭔가 목표가 없어서. 친구들은 다 졸업하면 뭐 할 거라고 하고. 그래서 스펙이다, 자격증이다, 준비도 하는 것 같은데 저는 지금 하고 싶거나 이런 게 없어요. 당장 전공 공부를 왜 해야 되는지 모르겠지만 또 뭔가 내가 이거 말고 다른 거 할 수 있다면, 그게 학교가 아니어도 가서 내가 그걸 하겠다! 이런 생각하지만 그것도 아직은 있진 않아요.

상담사 그렇죠. 맞아요. 그러면 고민이 되죠.

이나 어떻게 해야 하죠?

상담사 그럼 일단은 학교를 다니지 않으면 내가 다른 걸 시도해 보거나 할 만한 게 없다고 생각이 되니, 우선 학교를 다니면서 무언가 나만의 목표를 찾아본다는 마음은 어떨까요?

이나 그런 마음이 필요하기는 하죠. 만약에 제가 목표를 세울 수 있을 게 있다고 하면 세워보고 싶고. 또 가끔 이렇게 수업에 앉아 있다 보면, 저 친구들은 저렇게 열심히 하는데 나는 도대체 뭐 하고 있는 거지? 나는 왜 하고 싶은 게 없지? 그런 생각이 들어요.

상담사 네. 그런 마음이 충분히 들 수 있죠. 그럼 이 생각은 어떻게 들리는지 한번 생각해봐 주세요.

이나 어떤 거요?

상담사 우리가 새로운 무언가를 목표를 잡고 한다는 것은 어차피 무언가를 학습해야 하는 걸 거예요. 그게 학교를 통해서든, 다른 방법이든. 결국 우리는 끊임없이 무언가 배우는 과정을 거쳐요. 일상생활을 가만히 들여다보면, 모든 게 다 학습이에요. 그러니까 내가 하고 싶은 무언가를 찾는다는 게 결국은 학습이죠. 우리가 태어나서 미리 다 알고 있는 것은 세상에 아무 것도 없잖아요?

이나 그렇기는 하죠.

상담사 그냥 전공 공부를 통해서 내가 무언가를 배워가는 과정 안에 있다! 현재 내 앞에 놓인 배움을 어떻게 받아들이고, 마음가짐은 무엇이 더 나을지, 흥미가 없는데 반드시 들어야 하는 과목이라면 어디에 초점을 맞춰야 하는지, 무엇으로 이 공부를 견딜 수 있는지를 확인해 보는 것도 좋거든요. 당장 전공을 왜 하는지 모르겠지만, 이나씨 말처럼 정말로 확고한 방향이 있어서 다른 길을 찾았다면 이나씨도 현재의 고민을 하지 않았겠죠. 그러니 전공을 조금씩은 해가면서, 앞으로 무엇으로 내가 좋아하는 걸 찾아가지? 이런 것을 동시에 시도하는 게 자신의 현실을 보호하고, 아무 것도 하지 않는다는 죄책감이나 조바심을 다독이는 것에 더 도움이 될 것 같거든요. 어떻게 생각하나요?

이나 음. 저도 지금 당장 학교를 그만두려고 하는 건 아니긴 해요. 그냥 계속 나가고는 있다고 말했던 것도 약간 그런 이유인 것 같아요. 이거를 안 한다고 해도 당장은 제가 좀 너무 막막할 것 같거든요.

상담사 좋아요! 그럼 학교생활을 지속한다고 했을 때, 이나씨는 한 달 동안 돈을 어디에 가장 많이 쓰나요?

이나 네? 왜요?

상담사 돈이 들어가는 곳에 내 마음이 들어가거든요! 자신이 기꺼이 지불하고 있는 영역이 어디인지 1순위에서 3순위까지만 찾아도 그 영역이 나에게 어떤 의미인지 알 수 있겠죠?

이나 하하. 그, 그렇긴 하겠네요.

상담사 네. 그래야 나중에 하기 싫은 일을 이나씨가 하나 했을 때 무엇을 스스로에게 보상으로 줄 수 있는지 알 수 있고, 최종적으로 자신의 성장에 도움이 되는 내적 동기까지 생각해 볼 수 있답니다.
구체적으로는 전공 공부 안에서도 필수, 선택, 관심 가는 교양 과목 리스트까지 비교해서 자신이 할 수 있는 선택지를 미리 확보하는 것까지 설계해보는 거예요.

<table>
<tr><th></th><th colspan="2">단계별 동기 올리기</th></tr>
<tr><td>내적
동기</td><td>긍정적 언어
사용하여
성장(변화)목표
쓰기</td><td></td></tr>
<tr><td>외적
동기</td><td>하기 싫은 것 하나 하
면, 줄 수 있는
강화물 쓰기</td><td></td></tr>
<tr><td colspan="2">가장 많이
소비(돈)하는 영역 찾기</td><td></td></tr>
<tr><td rowspan="8">낮은
동기</td><td rowspan="8">낮은 동기의 구체적
내용 찾기</td><td>마음의 어지러움(불만족, 열등감, 자포자기 등)</td></tr>
<tr><td></td></tr>
<tr><td>상황의 어지러움(아르바이트, 인간관계 갈등,
가족 갈등 등)</td></tr>
<tr><td></td></tr>
<tr><td>행동의 부족(시간관리, 준비, 습관 등)</td></tr>
<tr><td></td></tr>
<tr><td>기술의 부족(학습전략, 시험전략, 집중력 등)</td></tr>
<tr><td></td></tr>
</table>

이나 쓰다 보니 제가 예전에는 수학을 좋아했던 경험들이 생각나요.

상담사 그럼 이나씨가 수학을 왜 좋아했었는지 한번 생각해 보세요. 예를 들어, 문제를 푸는 과정, 정답을 맞히는 그 느낌, 새로운 지식을 하나 하나 터득하거나 적용할 때, 수학을 잘해서 받은 칭찬이나 인정의 뿌듯함 등 무엇 때문에 수학이 좋았는지 이나씨만의 이유가 있을 거예요. 그걸 찾고 나면, 수학을 좋아했던 느낌이나 활동을 전공 공부에 활용할 수 있어요. 당장 다른 진로나 직업을 정할 수는 없으니까 어떤 형태로 이 영역에 관심을 가졌는지, 그래서 어떻게 행동했는지 들여다볼 필요가 있어요.

이나 제가 좋아하는 걸 위주로 말씀하시는 거죠?

상담사 오! 그럼요. 좋아하는 것이 조금이라도 있다는 건, 이나씨의 동기가 어딘가에는 숨어 있다는 것이죠. 우리는 잊혀져있던 그 숨겨진 동기를 찾는 거죠. 동기가 없는 사람은 없어요. 지금 하는 공부가 너무 힘들고 재미도 없어서 그렇게 느껴지는 거죠.

이나 음…. 뭔가 지금까지는 수업을 들으면서 내가 못하는 것들을 해야 된다는 생각이 계속 많이 들었거든요? 그래도 이게 내가 해야 할 일이지 않나. 이렇게 생각이 들어서. 지금 선생님이랑 얘기하다 보니까 좋아하는 걸 맞춰서 그 방향으로 해도 되는 건가? 라고 생각하니까 마음이 좀 가벼워졌어요.

상담사 와우! 맞아요. 학습에서 가장 기본은 내가 조금이라도 더 잘하고 있는 영역을 찾아서 더 잘할 수 있도록 계획하는 게 굉장히 중요해요! 아주 핵심을 찾았네요?

이나 하하. 감사합니다.

상담사 지식이 부족한 것은 쌓아가는 것이지만 그 지식을 쌓아가는 방법은 좀 다를 수 있죠. 발표 수업에서 대본이 있는 것이 더 편한 사람, 화면을 보고 말하는 것이 더 편한 사람 등 각자 다르듯이 자신에게 맞는 방법을 더 잘할 수 있도록 해야 한다는 거죠. 그래서 자신이 잘하고 있는 것을 어떻게 하면 더 잘하지? 그걸 더 잘하기 위해서 찾다 보면 또 방법이나 전략들을 찾아가게 되어요. 못하는 걸 왜 못하지? 하고 계속 잘 안 되는 것을 경험하다 보면 누구라도 실패와 좌절만 경험하게 되지 않겠어요?

이나 요즘에 뭔가 공부를 하기 싫어했었는데, 계속 싫었던 이유가 뭐였는지를 좀 알게 된 것 같아요. 제가 전공에서 특정 과목을 시작하고 나서부터 계속 뭔가 전공이 더 하기 싫고 저랑 안 맞는다는 생각이 들었거든요. 그래서 제가 그거를 자꾸 제대로 하려고 하고, 이 과목을 잘 못하면 전공하는데 방해가 될 것 같아서 비슷한 과목을 더 수강해야만 한다는 생각에 또 신청을 했더니 이번 학기가 진짜 힘들었던 것 같거든요.

상담사 아, 뭔가 잘 못하는 과목이라서 그걸 최대한 잘해보려고 되게 애를 썼다는 거네요?

이나 네. 그래도 이 '과'를 졸업하는 데 필수 과목이기도 하고. 이거를 못하면 제가 또 이 전공으로 나아가도 의미가 없을 것 같아가지고. 조금 더 이 과목을 해야 되는데 못하니까 저는 점점 더 좀 무기력해졌던 것 같아요.

상담사 지금 되게 중요한 얘기를 해줬네요! 전공도 여러 과목을 공부하다

보면 굉장히 자기가 못하는 영역의 과목이 있고 그나마 내가 좀 따라갈 수 있을 만한 과목이 있잖아요. 그러다 보면, 이거 도저히 내가 할 수 없는데 도대체 내가 이 공부를 해서 무슨 진로를 할 수 있을까? 이런 고민을 우리가 하게 되거든요.

이나 네네, 맞아요!

상담사 근데 가만히 생각해 보면 그렇기 때문에 각 과목들도 그 분야의 전문가인 교수님들이 다 따로 계시잖아요? 교수님들도 전공 영역 안의 모든 과목을 다 알진 않죠.

이나 아! 그러네요. 전혀 생각을… 못했어요.

상담사 전공 안의 모든 과목을 다 가르칠 수 있는 교수님은 없을 거예요. 그렇기 때문에 너무 염려하지 않으셔도 돼요.

이나 지금 교수님들도 각자 가르치는 과목을 잘하는 거라고 생각하니까 제 마음이 괜히 훨씬 가벼워졌어요. 저만 바보 같다는 생각을 계속 했었는데, 사실 꼭 그런 게 아닌 거네요?

상담사 그럼요. 어떤 과목 하나, 어떤 영역 하나 내가 성적을 잘 받지 못해서, 너무 아쉬워서 그 부분이 커 보일 수는 있죠. 그래서 전략적으로 자신이 잘 하는 형태의 학습 방법이 있는 과목을 최대한 선택할 필요가 있죠.

이나 근데 사실 저는 지금 아르바이트도 하고 있는데, 일을 할 때에도 혼자서 뭘 하는 것보단 누구랑 같이 일하는 분위기를 좋아하긴 하거든요? 그런 것도 학습에 도움이 될까요?

상담사 음. 기분이 좀 더 나아지니깐 이나씨가 또 무엇을 좋아하는지 자동으로 술술~ 나오네요. 하하. 물론 도움 되지요!

이나 저는 그러면 사람을 만날 수 있는 직업 쪽으로 이것저것 찾아보는 게 나을 것 같아요. 저희 쪽은 혼자 하는 일이 더 많았거든요. 요즘에는 제가 좋아하는 게 하나도 없다고 생각했는데 오늘 저도 2가지는 찾은 것 같아요.

상담사 스스로 정리해보면 어떤 걸까요?

이나 수학이랑 사람?

상담사 네. 좋아요. 이제 그런 것들을 출발점으로 해서 꼭 학습이 아니어도 평상시에 나의 일상 안에 채울 수 있는 방법을 생각해 보아요. 또 일상을 보내면서 이나씨가 무엇을 즐거워하는지 더 많이 찾아내면 좋겠어요. 그럼 학습 외에 어디에 돈과 시간을 쓰고, 누구를 만나고, 왜 만나고, 무엇을 좋아하는지를 많이 찾아낼수록 학습이나 진로와 연결 지어서 생각할 것들이 많아질 거예요.

이나 그냥 평소에 꼭 공부가 아닌 거라도 저에 대해 관찰해보는 게 좋다는 거죠?

상담사 맞아요! 저보다 훨씬 잘 정리해서 이해하는데요? 고마워요.

이나 흐흐. 그럴게요. 오늘부터 기록을 한번 해보겠습니다.

변화를 준비하는 핵심질문 해보기

상담사 자, 이나씨, 그렇다면 가장 중요한 질문. 이제 당장 오늘부터 무엇을, 어떻게 할 계획인가요?

나의 "학습동기"는 몇 점?

학습동기 점수를 확인하고, 사라진 동기가 돌아오도록 도움이 되는 생각을 적용해 보세요.

번호	문항	해당되면 체크
1	나의 전공은 진로, 취업에 별로 도움이 되지 않는 것 같다.	
2	내 미래를 생각하면 막막하다.	
3	공부하는 목적을 모르겠다.	
4	하기 싫은 공부를 해야 할 땐, 딴 짓을 먼저 하게 된다.	
5	최근에는 집중력에 문제가 있는 것처럼 느껴진다.	
6	공부가 재미없다.	
7	잘 이해되지 않는 내용이 나오면, 망한 것 같다는 생각이 든다.	
8	지금부터 공부한다고 해서 좋은 결과가 나올 것 같지 않다.	
개수		

개수	해석
1-2개	이 정도는 가끔 할 수 있는 생각이지~ 하고 할 일을 한다
3-4개	제시된 '도움 문장' 모두를 읽어본다
5개 이상	제시된 '도움 문장'을 보이는 곳이 작성해둔다

〈도움문장〉

체크한 문항에 대한 생각이 떠오를 때에는 아래와 같이 도움이 되는 생각으로 바꿔서 외워 보세요!

문항	도움 문장
1	지금 당장 새로운 무언가를 찾은 게 아니라면, 나에게 주어진 일에 최선을 다하는 것이 가장 좋다.
2	나는 미래에 내 모습을 희망적으로 상상하면서 공부할거야.
3	학습이 막막해도 지금 내 앞에 주어진 과제, 목표를 해결하는 마음으로 참여하자. 나의 문제해결능력이 올라가는 소리가 들린다!
4	하기 싫은 과목도 30분씩 시간을 정해서 일단 살펴보자.
5	모든 일에 집중력 문제가 있지 않았어. 하고 싶지 않은 일을 할 때에는 누구나 그렇게 느껴질 수 있어.
6	공부가 재미없어도 나를 위해서 공부하는 거야.
7	1시간, 하루, 일주일 등 잠시 놔두었다가 다시 살펴보자. 정~ 이해되지 않으면 요령이라도 찾아보자.
8	모든 일에 좋은 결과가 있으면 좋겠지만, 공부한다고 해서 나쁜 결과가 나온다는 법도 없다.

제2장 시간관리

1 계획을 해도 지키지 못해요

상담사 반가워요, 미루씨. 상담을 신청하면서 공부에 대해서 어떤 고민을 하고 있었는지 혹은 또 어떤 이야기를 들으면 나한테 도움이 되겠다고 기대한 것이 있는지 들어볼까요?

미루 아, 제가 대학에 와서 공부도 해야 하지만, 동아리 활동이나 대외활동 같은 것도 하고 싶은 게 정말 많은데요, 아르바이트도 해야 하고요. 그러다보니 너무 정신없이 닥치는 일만 하고 있어서 어떻게 하면 좋을지 물어보고 싶었어요.

지금까지 노력한 부분 확인하기

상담사 아, 하고 있는 게 정말 많군요. 미루씨 스스로도 스케줄을 관리하려고 노력했을 것 같은데, 먼저 시도해보았던 방법들이 있었을까요?

미루 친구들한테 들으니까 캘린더 앱(Calendar App)이랑 투두리스트(To do list) 같은 거 쓰면 좋다고 해서 해봤어요.

상담사 오, 어땠어요?

미루 잘 안됐어요…. 몇 번 해봤는데 계획을 잘 못 지키더라고요. 할 때마다 잘 안되니까 자존감만 더 떨어졌어요. 저는 계획 능력이 없는 것 같아요.

상담사 잘하려고 시작한 일이지만, 해내지 못하는 모습만 보니까 속상했을 것 같아요. 방법에 수정이 필요했던 것인지 정말 능력이 없는 것인지 우리 같이 확인해볼까요? 노력했던 방법을 조금 더 자세히 설명해줄 수 있어요?

미루 저녁이나 아침에 해야 할 일을 생각해보고 쭉 적었어요. 다른 친구들 보니까 그 날 그날, 해야 할 일을 적어놓는다고 하더라고요. 그래서 저도 그렇게 해야 할 일들을 적어봤어요. 그리고 해낼 때마다 체크해봤는데 거의 지키지 못하더라고요. 그래서 몇 번 하다가 그만뒀어요.

상담사 다른 사람이 하는 걸 보고 똑같이 했을 때, 처음부터 좋은 성과를 내기는 어렵죠. 좋은 방법이라고 생각했던 것을 잘 관찰했다가 시도해본 것만으로도 의미가 있다고 생각해요. 미루씨가 해야 할 일을 적을 때는 매일 오늘 안에 해야 할 일들을 적었던 거예요?

미루 아니요, 그렇지는 않았어요. 적다보면 그냥 끝내는 시간을 생각하기 보다는 그냥 지금 주어진 일들, 해야 할 일들을 적었는데, 10개가 넘기도 했어요. 적을 때는, 할 일이 많아야 할 것 같더라고요. 그래서 한 두 개가 생각나면 더 적으려고 고민하고 적었던 것 같아요. 그래서 막 칸을 채우던 기억이 나네요.

상담사 계획을 세우거나 필기를 할 때 그런 기분을 느끼는 친구들이 많더라고요. 빈 칸을 채워야 한다고 생각하기도 하고, 채운 것으로 뿌듯함을 느끼기도 하고요. 그렇게 적은 일들은 각기 다른 완료기간이 있었을 것 같은데, 언제까지 해야 된다, 라고도 적었던 거예요?

미루 음, 그런 건 적지 않았어요. 끝내야 하는 기간을 적어야 된다고는 생각 못했네요.

상담사 그럼 궁금해지는 게 미루씨가 결국, 다 못해낸 자신을 봤다고 했는데 내가 다 못했구나, 라고 판단하는 건 어떤 걸 보고 하는 거예요?

미루 지운 게 하나도 없었다거나, 할 일을 적어놓고도 친구들이랑 놀거나 게임을 하거나 하면서 하루를 모두 보내고 나면요. 할 일을 적었으면서도 하지 않으니까, 적는 것이 소용이 없고 나는 할 의지가 없구나, 라고 생각했어요.

상담사 그렇게 생각됐던 거군요. 그런데요, 주어진 모든 일을 끝내야만 하고 싶은 것을 할 수 있다면, 우리가 쉬어도 되는 날은 오지 않을 거예요. 할 일은 늘 새로운 게 생기잖아요.

미루 맞아요. 해도 다른 일이 생기고 또 생기고. 그러면서 못한 일만 늘어나더라고요. 그러니까 결국엔 급한 일부터 닥치는 대로 쫓기면서 하고 있어요.

상담사 차근차근 해나가는 느낌보다 쫓아가는 생각이 들었다니, 조급하고 지쳤겠어요.

미루 맞아요. 그래서 상담을 받아보면 나도 남들처럼 시간관리를 잘 할 수 있을까? 생각했어요.

상담사 음, 남들처럼? 그건 제가 확답할 수 없지만, 우리가 지금부터 미루씨에게 맞는 방법을 고민하고 시도해보고 하면 지금보다는 더 만족할 수 있게 될 거예요.

미루 그랬으면 좋겠어요.

상담사 자, 그럼 우선 적는 방법부터 하나씩 해볼게요. 지금 파란색으로 되어있는 줄에 지금 미루씨가 해야 하는 일들을 적어보세요. 기간을 한 달 내에 있는 것들로 해볼게요.

미루 음,, 그럼 기한이라고 쓰여 있는 칸에는 아까 말씀하신 것처럼 언제까지 해내야 하는지 적으면 될까요?

상담사 맞아요, 일을 끝내야 하는 기한을 적으면 돼요.

순번	할일	기한	필요시간	평가

미루 자격증을 따야 하는데,, 언제까지 공부를 해야 할 지는 잘 모르겠어요.

'나중에'로 넘기지 말고, '지금 바로' 정확한 날짜 확인하기

상담사 그럼 시험이니까 시험 보는 날이 기한이 되겠네요. 자료가 있어요? 없으면 지금 검색해서 적어 볼까요?

미루 찾았어요. 그런데 이 필요시간은 뭐예요?

상담사 그 일을 해내는 데 필요한 시간을 말하는 거예요. 지금 적은 자격증 시험에 합격하려면 몇 시간을 공부해야 하는지 쓰는 거죠.

미루 와, 몇 시간을 공부해야 할지요? 전혀 모르겠어요, 감이 안 오는데요. 한… 50시간?

상담사 얼마나 걸릴지 감이 잘 안 오죠?

미루 네, 공부를 해야 하는 시간이라는 개념을 생각해본 적이 없어요. 보통 얼마나 걸리는지도 잘 모르겠고요.

상담사 그럼 좀 세부적인 걸 적어볼게요. 그 일을 하기 위해 필요한 일들을 적어볼까요? 예를 들어, 미루씨가 첫 번째로 쓴 것에 중간고사 준비하기가 있는데 공부해야 하는 과목이랑 시험 범위 등을 세세하게 적어 보세요.

순번	할일	기한	필요시간	평가

미루 과목별로 나누니까 그래도 어느 정도 걸릴지 조금 추측해 볼 수 있을 것 같아요. 이게 똑같을지는 모르겠지만요.

상담사 작은 단위로 쪼개니까 소요시간을 조금 가늠할 수 있을 것 같은 자신감이 생겼죠? 똑같은지는 실행하면서 확인할 수 있어요. 계획을 잘 지키지 못하는 건 대개는 지킬 수 없는 계획을 세웠기 때문이에요. 내가 지킬 수 있는 계획을 세워야 하는데, 그런 계획을 세우려면 어떤 부분을 바꿔야 할까요?

미루 내가 할 수 있는지 확인하는 거요?

상담사 맞아요! 제가 할 수 있는 양, 소요되는 시간 등을 '측정'하는 것을 제일 먼저 해야 해요. 지금까지 미루씨가 계획을 잘 지키지 못한 것은 본인이 하려는 일을 얼마만큼의 시간을 소비해서 할 수 있는지를 몰랐기 때문이에요. 그럼 우리 지금부터 먼저 스스로의 시간을 같이 살펴볼까요?

	월	화	수	목	금	토	일
07:00 ~13:00							
13:00 ~18:00							
18:00 ~23:00							
남은시간 (가용시간)							

상담사 우리는 일주일 간의 생활을 기록 해볼 거예요. 할 일의 계획을 적는 것이 아니라 하루를 보낸 기록을 적는 거예요. 지금 표는 7시에 일어나서 11시에 잠드는 것을 기본으로 적혀있는데요, 미루씨가 실제 일어난 시간과 잠든 시간을 기록하면 돼요. 제일 중요한 건 비슷한 시간에 일정만 적어두는 것이 아니라, 시작한 시간과

끝난 시간을 모두 기록하는 거예요.

미루 네, 그래볼게요. 기록 해볼 생각은 못했어요.

상담사 아주 자세하게 적을수록 좋아요. 다만, 이걸 적는 것을 너무 의식해서 더 무언가를 막 하려고 하진 말고요, 처음에는 자연스럽게 하는 것이 좋아요.

미루 네, 알겠습니다!

2 시간도 체력도 너무 부족해요

상담사 미루씨, 반가워요. 일주일 어떻게 지냈어요?

미루 저 일주일 동안 열심히 기록했어요.

노력과 성과는 적극적으로 피드백하기

상담사 와, 정말 열심히 기록해왔네요! 제가 말씀드린 것처럼 시작과 끝을 다 적고, 그 내용을 정말 상세히 적어줬네요. 정말 멋지네요. 고생했어요!

미루 감사합니다. 그런데 그냥 한 일을 적었을 뿐 목표를 달성한 것도 아닌걸요.

상담사 기록을 하겠다는 목표를 달성했잖아요! 그리고 이 첫 번째 단계를 잘 한 것으로 앞으로 좋아지는 결과가 너무 많아요. 하면서 어떤 걸 느꼈나요?

미루 일단은 보시는 것처럼 정말 많은 일을 하고 있다는 걸 다시 한 번 생각했는데요. 시간 안에다가 일들을 욱여넣은 듯한 느낌이 들었고, 지난 주 과제는 시작한 시간이 너무 늦어서 대충해서 낸 과제들이 너무 많았어요.

상담사 정말 빼곡하네요. 지금 보면 쉬는 시간을 표시하라고 했는데 쉬는 시간이 정말 부족하고 식사 시간도 굉장히 짧게 느껴져요. 게다가 수면시간이 너무 짧고 불규칙한 것 같아요.

미루 맞아요, 언제부턴가 그렇게 조급하게 지냈는데, 그래도 성과가 잘 나오는 게 아니니까 더 많이 해야 한다고 스스로를 채찍질하고, 안되면 스스로에게 또 실망하고 그랬던 것 같아요.

상담사 미루씨의 능력이나 성실함이 부족한 것이 아니고, 내가 가진 시간과 상관없이 너무 많은 일을 해내려고 한 것 같아요. 이제부터 지금 하는 일들에 시간을 분배하는 방법을 배울 거예요. 우선순위 정하는 방법을 배운 적이 있어요?

미루 음, 해본 적은 없는데 중요한 일과 그렇지 않은 일을 구분하는 그런 걸 어딘가에서 본 적이 있어요. 전에 시간관리 잘하고 싶어서 찾아본 적이 있었거든요.

상담사 미루씨가 정말 고민도 많이 하고 노력해왔네요. 이제 그럼 구체적으로 방법을 배워서 실제 도움이 되게 만들어 봐요. 자, 표에 보이는 그림이 미루씨가 찾아보면서 본 것처럼 우선순위를 중요도와 긴급도를 기준으로 네 가지 단계로 구분한 거예요.

우선순위를 정하기 기준

긴급성: 마감 기한이 가까운 일
중요성: 가치있는 일, 파급력이 있는 일

미루 맞아요, 이 그림을 본 것 같아요.

상담사 긴급하면서 중요한 일을 1순위로, 모두 낮은 것을 4순위로 분류하는 거죠. 대체로 3, 4순위에 위치하는 일을 줄이거나 제거해가는 방향으로 할 일을 조정해가는 거예요.

미루 전 아무리 생각해도 다 하고 싶고, 모두 해야 할 일들 같은데요.

상담사 그렇죠. 하고 싶거나 해야 한다고 생각해서 시간을 사용했을 거예요. 그런데 미루씨의 시간이 제한적이잖아요? 그래서 저는 어떤 일을 제거하기 보다는 시간을 비율로 배분해서 사용하기를 추천해요. 특히, 학습과 관련해서는 실제 공부할 페이지 수를 기준으로, 시간은 더 짧게 짧게 구분하면서 정하면 좋아요.

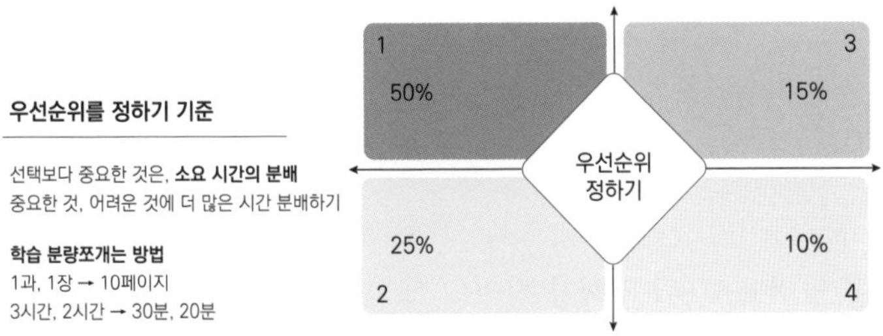

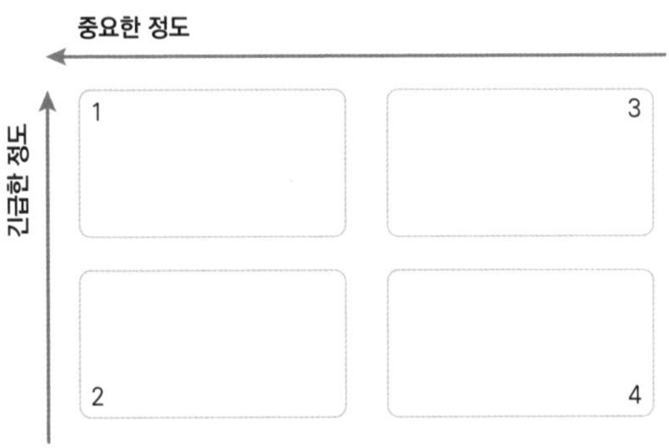

미루 그런데 이렇게 순위로 나눠봐도 저는 뭔가 시간이 부족하다는 느낌이 남아요.

상담사 좋아요. 그럼 이제 미루씨가 가진 시간을 더 알차게 활용하는 방법을 살펴볼 거예요. 시간의 남은 조각을 야무지게 활용하는 방법을 살펴볼 건데요. 우리가 1분 안에 할 수 있는 일들은 어떤 것이 있을까요?

미루 1분이요? 1분 안에 아무것도 할 수 없을 것 같은데요.

상담사 대개는 짧은 시간에는 아무것도 할 수 없다고 생각해서 짜투리 시간을 활용하지 않고 그냥 흘려보내는 일이 많아요. 그런데 생각보다 짧은 시간에 해낼 수 있는 일 많아요. 예를 들면 핸드크림 바르기? 1분이 채 걸리지 않죠?

미루 오, 그렇게 생각하면, 윗몸 일으키기? 물마시기? 할 수 있을 것 같아요.

상담사 맞아요. 그리고 책상 정리도 할 수 있어요.

미루 책상 정리를요? 전 몇 시간씩 걸리던데요?

상담사 책상 전부를 한 번에 하려고 하면 몇 시간씩 걸릴 거예요. 하지만 구역을 나눠서 한 번에 한 곳만 정리한다면 1분 만에 오늘 분량의 정리를 할 수 있어요. 그리고 며칠이 지나면 곧 책상이 전부 정리되어 있는 걸 발견할 수 있을 거예요.

미루 와! 그렇게 생각을 해보지 못 했어요. 매번 시작했으면 마무리까지 바로 해야 된다고 생각했어요.

상담사 그렇게 힘들게 한 번에 하면, 다음번에 하려고 마음먹기가 힘들어져요. 그래서 이제부터는 일들을 작게 쪼개서 갑자기 생기는 짜투리 시간에 할 수 있도록 준비해둘 거예요. 예를 들어 약속한 친구가 조금 늦게 온다고 하거나, 교수님이 수업을 5분 정도 늦게 시작한다고 하시거나, 혹은 내가 너무 빨리 도착해서 시간이 남을 때 핸드폰을 보는 것이 아니라 필요한 일을 할 수 있어요.

미루 그럼 제 스트레스도 좀 줄 것 같아요. 매일 바쁘고 마음이 급하니까 누군가 늦으면 핸드폰만 보면서 기다리는 게, 제 시간을 버리는 것 같아서 화도 나고 마음도 조급했었거든요.

상담사 정말 중요한 포인트네요. 내가 바꿀 수 없는 상황에 대해 계속 화를 내는 건 내 감정소비만 하는 거예요. 일어난 일을 잘 해결해 나갈 대처방안을 많이 갖는 것이 현명한 것이랍니다.

미루 그런 것 같아요. 뭔가 보너스로 시간을 받은 것 같아요. 정말 감사합니다.

제3장 효과적인 필기법

1 필기를 하고 싶지 않아요

상담사 반가워요, 해라씨. 해라씨가 어떤 고민 때문에 상담을 시작했는지 말해줄 수 있나요? 아니면 어떤 얘기를 해야 도움이 될 것 같다고 기대한 것이 있나요?

해라 음…. 원래 수업에는 교재가 있잖아요? 근데, 교수님들은 교재를 잘 안 쓰고 대부분 직접 만들어온 PPT나 보고서로 수업을 해 주신단 말이죠. 친구들은 다 태블릿이나 이런 걸 쓰면서, 교수님 말도 쓰고 중요한 것에 표시도 하고 교재랑 찾아보고 막 이렇게 필기도 하더라고요. 근데 저는 사실 그렇게 해야 되는지 그 필요성을 잘 못 느끼겠거든요? 그런데 애들은 되게 열심히 하고 그걸로 시험 기간에 공부도 하고 그런 것 같아서 제가 지금 학습하고 있는 방법이 별로 안 좋은 건지 궁금해서 왔어요.

상담사 스스로 수업을 들을 때는 필기의 필요성을 느끼지 못했는데, 친구들이 열심히 하는 모습을 보니까 잘못하고 있는 것 같은 생각이 드는 거예요?

해라 맞아요.

무엇 때문에 노트필기를 고민하는지 생각해보기

상담사 필기를 안 해서 본인이 겪고 있는 불편함이 있나요?

해라 나만 필기를 하지 않고 있다가 중요한 걸 놓치는 거 아닌가하는 불안한 생각이 들 때가 있어요.

상담사 뒤쳐지게 될까봐 불안한 마음이 생기는군요. 그럼 우리 같이 확인해 볼까요? 먼저, 평소 해라씨의 공부법을 살펴볼게요. 수업을 듣고 공부를 할 때 어떤 방식으로 공부를 하고 있어요?

해라 교재는 미리 읽어볼 때도 있고 안 읽어볼 때도 있는데, 주로 수업을 굉장히 집중해서 들으려고 노력해요. 집중이 안 될 때도 있죠. 재미없는 수업은 잘 못 듣기도 하고. 그래도 주로 들으려고 애를 쓰고는 있어요.

상담사 수업을 잘 듣기 위해 하는 노력에는 어떤 것들이 있나요?

해라 수업시간에 딴 짓을 하지 않으려고 교수님이 하는 얘기 중에서 중요하다고 여기는 부분은 교재를 따라가면서 살펴봐요. 시험 기간에 어차피 교수님이 PPT 강의안 다 주시는데 그거 보고 교재 보고 하는데 별로 무리가 없거든요.

상담사 교수님이 이렇게 수업을 하고 있다가 중요하다고 이야기를 해주거나 아니면 어떤 주제를 굉장히 오래 설명을 한다거나 혹은 전에 한 번 더 얘기한 적 있었는데 자꾸만 반복해서 얘기한다거나 이렇게 뭔가 이 얘기가 중요한 얘기고 시험에 나올 수도 있을 것 같다, 라는 예상이 들 때도 있잖아요. 그럴 때도 PPT 안에 필기를 하지 않아요? 아니면 표시를 어떻게 해놓는 편인가요?

해라 아니요. 주로 안 해요. 저는 깨끗한 게 좋거든요. PPT를 다시 볼 때 낙서나 줄이 있으면 그 부분만 보게 되니까 오히려 꼼꼼하게 공부하는 데 방해가 되더라고요. 그래서 적지 않고 그냥 처음부터 끝까지 다시 보는 게 마음 편해요.

상담사 하지만 교수님이 수업시간에 해주는 설명 모두가 책에 담겨 있지 않잖아요. 그리고 중요하다는 표시를 수업을 들을 때 해두지 않는다면, 시간이 지난 후에는 어떤 것을 중요하다고 말했는지 기억이 나지 않을 수도 있고요.

원인 명료화와 '필기'의 의미를 재정의하기

상담사 해라씨는 필기를 하지 않는 가장 큰 이유가 '책이 깨끗한 게 좋아서'라고 했는데, 꼭 책을 더럽히는 방법만이 필기일까요?

해라 음…. 모르겠어요. 아니면 어떤 필기법이 있죠? 결국 필기를 해야 한다는 거죠?

상담사 저는 해라씨가 꼭 책에 필기를 하도록 바꾸려는 건 아니에요. 다만, 해라씨가 생각하는 필기법과 그것이 싫은 이유를 좀 더 자세히 알고 싶었던 거예요. 책에 낙서를 하지 않는 필기는 어때요?

해라 저는 태블릿도 좋아하지 않아요. 들고 다니는 것도 무겁고, 충전도 힘들거든요.

평소 사용하는 범위 안에서 활용할 수 있는 요소 찾아보기

상담사 그 외에 꼭 기억하고 싶은 내용이 있을 때 사용하는 방법은 없나요?

해라 그럴 때는 따로 메모를 해두는 편이에요. 포스트잇에 따로 적어서 붙이면 책이 더러워지지 않잖아요. 그래서 혹시 적고 싶은 것이 생기면 포스트잇을 활용하곤 해요.

상담사 포스트잇을 붙이는 것도 좋은 방법이네요. 답은 정해져있지 않아요. 다만, 수업을 들었을 때 얻었던 정보를 모두 한꺼번에 기억하지 못할 경우를 대비할 필요가 있고, 해라씨에게 잘 맞는 방법을 찾아보는 거예요.

해라 그럼 포스트잇에 적어서 해도 된다는 거예요?

상담사 물론이에요. 노트필기를 하는 첫 번째 이유는 앞서 말한 것처럼, 수업에서 얻은 정보를 한 번에 기억할 수 없기 때문이에요. 사람의 기억은 시간이 지나면서 빠른 속도로 줄어들거든요. 처음부터 필기를 하지 않는다면 나중에 기억나지 않을 때 찾아볼 기록이 없게 되는 거예요. 그러니까 중요한 부분의 표시, 그리고 잘 모르는 부분, 예를 들면 개념 같은 것에 대한 설명을 적어두는 것이 필요하답니다. 포스트잇은 색과 크기가 다양해서 중요한 것과 그렇지 않은 것의 표시가 더 잘 될 것 같아요.

해라 포스트잇을 붙이면 잘못 쓴 것을 고치는 것이 가능해서 좋을 것 같아요. 필기라는 말이 부담스럽게 느껴졌는데 메모라고 생각하니까 훨씬 마음의 부담이 줄어들었어요.

상담사 좋아요, 그럼 이제 해라씨는 포스트잇을 가지고 다니면서 거기에 필기를 하면 좋을 것 같아요.

해라 그렇지만 아직도 필기를 하는 것이 공부하는 것을 더 효율적으로 만들어줄 것이라는 기대가 되지 않아요. 지금까지도 전 대체로 수업의 내용을 기억하고 있었고, 중간 정도의 성적을 유지하고 있었는데요.

상담사 그럼 해라씨는 필기를 했을 때, 지금과 똑같은 시간 혹은 보다 적은 시간을 투자했는데 더 좋은 성적을 받는다면 어때요? 그래도 필기를 하고 싶지 않나요?

해라 그렇지는 않죠. 더 적은 시간으로 성적이 더 잘 나올 수 있다면 노트필기를 해야겠죠.

상담사 시험을 보기 전에 내가 학습한 부분이 이해가 되고 외워졌다는 것을 어떻게 확인하는 편이에요?

해라 다시 그 장을 덮어놓고 기억이 나는지 제목만 보고 보기도 하고요. 목차만 보고 이렇게 다시 생각해 보기도 하는데 그렇게 하면은 전체적으로 내용이 잘 떠오르는 편이에요. 다 떠오르는 건 아니지만요.

상담사 떠오르지 않을 때는 또 어떻게 해요?

해라 다시 또 보죠.

상담사 해라씨는 책에 표시를 하지 않으니까 중요한 부분과 아닌 부분에 대한 표시가 없을 것 같은데, 떠오르지 않는 부분만 살펴보나요, 아니면 전체적인 부분을 다시 보게 되는 건가요?

해라 처음 읽을 때 제 마음속에 그 내용에 대해서 그냥 요약해서 정리해요.

상담사 그러면 내가 마음속으로 생각했던 것들이 단어에 오류가 있으면 어떻게 해요?

해라 그거는 제가 다시 확인해 본 적은 없어요. 제가 시험을 채점하지는 않으니까요.

상담사 아무런 표시 없이 마음속으로 대충 예측을 하고 어림잡아 공부를 하게 되면 반복해서 공부를 해도 공부해야 할 분량이 줄어들지도 않고 얼마만큼 외웠는지 이해했는지 구분도 잘 되지 않게 돼요. 공부의 정확도가 어느 정도인지도 확인할 수 없는 거죠. 계속 같은 분량을 공부하게 되니 효율도 떨어질 수 있어요. 그래서 제가 이제부터 효율을 높이기 위해 노트필기를 간단하게 하는 방법을 알려줄게요. 코넬식 노트 필기법인데 이걸 해라씨가 잘 쓸 수 있는 포스트잇을 활용해서 책에 붙여넣는 방법으로 할 수 있도록 도울 거예요. 원래 코넬식 노트 필기법의 기본은 이래요.

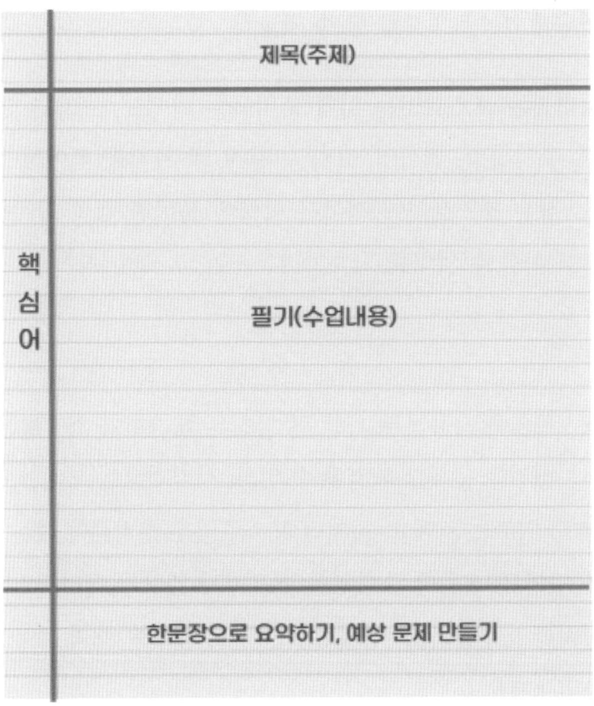

상담사 사실 공부는 누군가에게 배운다고 해서 머릿속에 저장되는 게 아니에요. 배운 내용을 스스로 해석하고, 이해하는 과정을 통해서 지식을 만드는 건데 이 과정에서 제목과 목차를 확인하고, 주요 내용을 변별하여 핵심어를 찾고 요약하는 것은 매우 중요하답니다.

코넬식 노트 필기법의 상단에 제목이 있는데 이것을 작은 포스트잇을 붙여 표시하고, 보다 옅은 색으로 핵심 단어들에 붙여 보세요. 그리고 하단에는 큰 포스트잇을 붙여서 요약해보면 됩니다. 그리고 이제 이렇게 만들어진 자료는 추후 공부를 하는 자료가 될 거예요.

해라 그런데 이런 방법은 다 새로운 노트를 준비해야 할 것 같은데… 어떻게 포스트잇으로 할 수 있죠?

상담사 해라씨는 포스트잇을 미리 준비하는 거예요. 그리고 그 위에 주제, 추가설명, 핵심어, 요약 이렇게 네 가지를 적어서 붙이는 거죠. 작은 포스트잇에 적어서 여백에 붙이면 책의 글씨를 가리지 않고 적을 수 있어요.

해라 아, 네.

상담사 포스트잇을 사용하는 가장 큰 장점은 해라씨가 걱정하는 책이 지저분해지는 문제를 해결할 수 있고, 시각적으로 요점을 잘 보이게 할 수 있다는 거예요. 하지만 포스트잇을 준비해야 하는 번거로움은 있어요. 요즘에는 다양한 메모지가 있으니 해라씨가 사용하기 편리한 도구를 먼저 선택해두는 것도 공부할 때의 효율을 높이는 방법이에요.

해라 이런 게 있는 줄도 몰랐어요. 계속 노트필기를 '한다, 안한다' 두 가지로만 고민을 해왔는데, 이렇게 새로운 방법을 알게 되어서 기뻐요.

상담사 해라씨가 기뻐해주니 저도 뿌듯하네요. 이번에 노트필기를 하는 것이 꼭 책을 더럽히는 게 아니라는 것을 깨닫고 방법을 바꿨잖아요. 나중에 태블릿이나 노트북과 같은 전자기기를 사용한 필기를 하고 싶어지는 시기도 올 수 있어요. 그때도 코넬식 노트 필기법을 똑같이 적용할 수 있어요. 우선은 지금의 방법을 시도해보고 해라씨에게 더 잘 맞는 방법을 계속 찾아봅시다.

해라 네, 감사합니다, 선생님!

2 필기에 시간이 너무 많이 들어요

상담사 해라씨, 지난 한 달간 노트필기를 해봤는데 어땠나요?

해라 저 조금 후회했어요.

상담사 어떤 부분을 후회했어요? 필기가 너무 힘들었나요?

해라 포스트잇으로 하니까 더러워지는 스트레스 없이 노트필기를 할 수 있었는데요, 다시 공부를 하려고 할 때마다 노트필기를 해두었지만 제가 기억하지 못하는 내용을 발견했어요. 그래서 아, 전에는 내가 이런 부분을 많이 잊고 공부를 했겠구나 생각하고는 아무것도 적지 않고도 제가 다 기억하고 있다고 믿었던 것을 후회했어요.

상담사 필기하기 시작했고 연습이 잘 되고 있다는 좋은 소식이기도 하네요! 혹시 다른 불편한 점은 없었어요?

해라 아, 저 선생님이 권해주신 포스트잇 활용법을 잘 쓰고 있는데요. 제가 전에도 좀 결벽이랄까… 강박이랄까… 그런 것 때문에 책에다 필기를 못했던 거잖아요. 포스트잇으로 쓰기 시작하고, 제가 까먹는 것이 있다는 것을 알게 되고부터는 더 많이, 더 예쁘고 완벽하게 쓰려고 노력하게 돼요.

변화과정에서 나타나는 어려움 타당화하고, 문제에만 초점화하기

상담사 해라씨, 전에 이야기 한 내용을 잘 기억하고 적용하고 있었네요. 새로운 것을 배워서 적용하다보면 또 다른 문제점이 발생하는 일은 빈번하게 일어나요. 그것이 좋지 않음을 인식하는 것도 중요한데 해라씨는 자신의 학습법을 계속해서 점검하고 판단하고 있네요. 가장 걱정되는 것은 시간이 늘어나는 부분이죠?

해라 네, 처음에 노트필기를 시작했을 때보다 점점 시간이 길어지고 있어요. 때로는 필기하느라 손도 아프고. 무엇보다 글씨를 예쁘게 쓰지 못했을 때 자꾸 다시 쓰곤 해요.

상담사 간직할 것이 아닌데 글씨를 잘 쓰는 것이 중요할까요?

해라 중요하지 않다는 걸 알면서도 자꾸 다시 쓰게 돼요.

상담사 음, 지난 시간에 코넬식 노트 필기법을 배웠는데 그 부분은 어땠어요?

해라 그 부분에서도 제가 양식에 좀 집착을 한다는 걸 알게 됐어요. 제목 쓰고 요약하고, 핵심어를 쓰게 되는데 딱 맞는 개수라던가 양식에 정확하게 맞는다던가 하는 것에 집착하게 되더라고요.

상담사 그렇게 노트필기를 하다보면 수업 집중도는 어땠어요? 사실 해라씨 공부법의 장점은 노트필기를 하는 대신에 수업에 더 집중하는 부분이었잖아요.

해라 놓치는 부분이 있었어요. 고쳐 쓰다 보면 빠르게 지나가는 수업에서는 못 듣게 되는 부분이 생기더라고요.

상담사 이거 오히려 역효과네요. 아까 지난주에 하면서 까먹은 부분이 있다는 걸 깨달았다고 말해줬는데, 중요한 것들을 많이 까먹었던가요?

해라 음, 중요한 부분이라고 말하지는 못하겠는데, 설명 맥락에서 좀 빠진 부분이었어요. 자세히 설명해주신 사례 같은 부분에서 필기에서는 채웠는데 정작 기억이 나지 않는 것들이 많았어요.

상담사 그 부분을 까먹고 넘어가는 것이 시험에 영향을 얼마나 미칠 것이라고 생각해요?

해라 음, 내용 이해에는 좀 도움이 되긴 하겠지만… 잊었다고 해서 시험에 영향을 미칠 정도는 아닌 것 같아요.

상담사 해라씨, 우리가 처음 노트필기의 장점과 필요성에 대해서 이야기했었는데 기억나요?

해라 정확하게 제가 알고 있는지 확인하려고요?

상담사 더 중요한 부분이 있었어요. 바로 효율적인 공부를 하기 위해서였어요. 나중에 공부를 할 때 무조건 처음부터 끝까지가 아니라 알게 된 것을 줄여가면서 부족한 부분만 채우려고요. 그런데 지금 어쩐지 반대로 된 듯한 느낌이 드네요. 오히려 빠진 부분을 계속 채우면서 책보다 더 완벽하게 하려고 하고 있어요.

해라 맞아요. 아니 뭔가, 빠진 부분이 있으면 채워야 할 것만 같은 느낌이 계속 들더라고요.

상담사 칸을 채우고 정리하는 것에서 해라씨가 편안함을 느끼는 것 같아요. 해라씨 마음이 어떤지 테스트를 먼저 한 번 해보죠.

나는 노트필기에 대한 강박을 느끼고 있을까?

다음의 문항 중 해당되는 항목에 체크하세요.

번호	문항	해당되면 체크
1	나는 필요이상으로 자주 확인을 하는 편이다.	
2	나는 필기가 제대로 되어 있지 않으면 화가 난다.	
3	나는 내 생각을 마음대로 조절하기가 어렵다.	
4	나는 필요하지 않은 내용까지 필기하는 습관이 있다.	
5	나는 습관적으로 필기의 내용을 확인한다.	
6	필기한 것을 누군가가 망치면 화가 난다.	
7	나는 나중에 필요할지도 모른다는 생각에 사소한 내용도 필기한다.	
8	나는 노트필기가 내가 원하는 방식으로 되어 있길 원한다.	
총 갯수		

개수	해석
0~2개	정상 수준 - 노트필기에 대한 강박 거의 없음
3~5개	경미한 수준 -약간의 강박 성향
6~8개	주의 요망 - 전문가 상담 권장

본 척도는 Foa 등(2002)이 개발하고 임준석(2007)이 한국판으로 번안한 강박증상목록(OCI-R-K)을 노트필기에 적합하도록 연구자가 재구성하였음

상담사 6개가 나왔다면 상당히 높은 점수예요. 이제부터는 비우는 연습을 해야겠어요.

해라 필기를 하는데 비운다고요?

상담사 네, 노트필기를 줄이고 효과를 높여야겠어요. 우선, 수업시간에 노트필기를 한 후에 끝나고 나서 하는 시간을 정해두기로 해요. 추가 노트필기에 소요되는 시간은 '10분 이내' 이런 식으로요.

해라 10분 이내요? 그럼 절대 다시 쓸 수가 없는데…. 예쁘게 정리되지 않을 거예요.

상담사 그게 포인트예요. 그러면서 예쁘게 정리하지 않아도 문제가 생기지 않는다는 것을 알게 될 거예요. 혹시 포스트잇이나 색도 여러 개로 정리하나요?

아영 네, 제목과 키워드, 설명, 요약으로 나눠서 포스트잇을 다른 색으로 쓰고요, 중요도에 따라 펜 색을 바꾸고, 물결이나 두 줄 같은 것도 정해놨어요.

상담사 해라씨, 정말 필기를 열심히 하고 있었군요. 지난번에 왔을 때 필기를 하기 싫다던 것이 시작하면 이렇게 완벽하게 해야 되는 것 때문도 있었을까요?

해라 맞아요, 뭐든 시작하면 혼자서 디테일에 엄청 신경을 쓰는 편이에요.

상담사 지금부터는 포스트잇으로만 중요도를 선택하기로 해요. 펜은 바꾸지 말고요. 가장 손에 잘 맞는 펜을 하나 고르고, 포스트잇에는 내용에서 이미 제목인지 핵심어인지 구분되기 때문에 그 부분을 다르게 하진 않아도 될 것 같아요.

해라 그러네요, 내용이 어차피 다르네요.

상담사 우리는 이 노트필기를 어디에 보여주려고 하는 것이 아니라 해라씨의 머릿속에 잘 정리하기 위해서 진행하는 것이니까 내용이 잘 전달되는지만 확인하면 돼요. 필기할 시간을 정해놓고, 그 시간을 넘기지 않고 필기를 해보세요.

해라 네. 그렇게 해볼게요.

상담사 그리고 한 가지를 더 해볼게요. 중요한 부분을 체크하기 위해서 포스트잇을 사용해서 필기를 했으니까요. 머릿속에 완벽하게 외워진 내용의 포스트잇은 다시 떼는 거예요. 그리고 포스트잇이 있는 부분 위주로 복습을 하는 거죠.

해라 열심히 적었는데 떼버린다고요?

상담사 그러니까 열심히 적지 말아야죠. 떼버릴 거니까. 예쁘게 적거나 칸을 채우거나 할 필요 없어요. 중요한 내용, 핵심어 등을 표기해 두는 역할로만 하는 거예요. 노트필기는 중요한 내용이 무엇인지 스스로 생각해내는 과정, 그리고 머릿속에 집어넣기 위한 과정이지 결과물을 만들기 위한 게 아니에요.

해라 아, 그렇죠. 저는 쓸수록 예쁘게 쓰고 뿌듯해하고. 근데 그럴수록 하는 게 부담이 되긴 했어요.

상담사 무엇이든 공부에 대한 부담을 늘리는 학습법은 좋지 않아요. 시작하기 쉽고 해볼 만해야 공부를 하게 만들지, 힘들게 시작하면 점점 지치고 하기 싫어지거든요. 누구라도 그렇죠. 지금 이건 해라씨에게 맞는 학습법을 찾아가는 과정이에요. 시도하고 맞지 않는 것은 자신의 스타일로 계속 변화를 시도해보도록 하는 게 좋아요.

해라 마음이 조금 편해졌어요. 그렇게 노력해 보겠습니다!

제4장 집중력

1 성인 ADHD인 것 같아요

상담사 하나씨, 반가워요!

하나 안녕하세요. 제가 요즘 공부에 집중이 잘 안 되는데, 너무 답답해서 이것저것 찾다 보니 제가 성인 ADHD인 것 같아서요.

상담사 네. 정말 많은 학생들이 공부에 집중하는 것이 어려워서 ADHD에 대한 고민을 하더라고요.

하나 아, 진짜요?

상담사 그럼요. 혹시 하나씨는 병원에 가서 진료를 받아 보았나요?

하나 예? 병원요? 병원을 갈 거면 제가 여기에 왜….

상담사 아, 하~ 병원에 바로 가보는 건 좀 두려운가요?

하나 아무래도 그렇죠. 근데 영상을 진짜 많이 봤거든요? 성인 ADHD 증상이 딱 저랑 같더라고요. 제가 ADHD일까요? 그러면 저는 이제 어떻게 해야 하죠?

상담사 그건 의료의 영역이라. 저에게 하나씨가 ADHD인지 아닌지 알려달라고 묻는 거라면, 제가 대답하긴 어려워서요. 좀 실망스러운가요?

하나 저는 그걸 알고 싶어서 오긴 했는데요. 흠. 그럼 제가 상담을… 받을 필요가 있을까 싶네요. 좀… 거절당하는 느낌도 들고요.

상담사 이렇게 솔직하게 말해줘서 고마워요. 하나씨가 그동안 집중력에 대해 정말 많은 고민을 하고, 무척 답답한 마음에 상담까지 오게 된 것 같아서 그 부분에 대해서는 실망스럽지만 처음부터 명확하게 이야기하고 싶었어요. 그게 좀 상처를 주게 되었나 보네요.

하나 뭐, 상처까지는 아니지만.

정확한 진료 안내하기

상담사 자신이 성인 ADHD인지 확실하게 알고 싶다면, 반드시 전문가(정신건강의학과 의사)의 진료를 통해서 확인해야 합니다.

하나 그렇긴 하겠죠.

상담사 그렇지만 오늘 이야기를 나눈 김에 공부에 집중이 되지 않는데, 어떤 이유로 그런지, 어렸을 때부터 그랬는지, 괜찮을 때는 언제인지 등 천천히 한번 같이 생각해보고, 필요한 계획을 만들거나 시도해볼 행동을 찾을 수는 있을 거예요. 요즘 정말 많은 사람들이 '내가 성인 ADHD인가' 고민을 해요. 그런데 그건 고민만으로 해결할 수는 없겠죠. 오늘 조금 더 자신에 대해 한번 살펴보고, 그래도 집중이 안 되는 문제로 일상생활에 심한 방해를 받을 정도로 어려움이 크다면 그때는 꼭 병원을 방문하면 좋겠어요. 뭐, 밑져야 본전이니까 말이 나온 김에 한번 이야기해볼까요?

하나 네.

상담사 혹시 공부에 집중되지 않는 것 외에 ADHD인 것 같아서 일상생활에 방해되는 것들이 또 있나요?

하나 글쎄요. 지금은 그게 제일 커서요.

상담사 사람들을 만날 때는요?

하나 그렇게 사람을 만나러 자주 나가지 않아서 잘 모르겠어요.

상담사 그럼 중요한 체크리스트를 통해 확인을 해보죠.

ADHD(Attention-Deficit/Hyperactivity Disorder) 체크리스트

(출처: DSM-5, 2013)

구분		항목	해당사항 체크
부주의	1	종종 세부적인 면에 면밀한 주의를 기울이지 못하거나 학업 또는 다른 활동에서 부주의한 실수를 저지름	
	2	종종 과제, 강의, 대화, 긴 글 읽기에 계속해서 집중하기 어려움	
	3	종종 타인이 직접 말을 할 때, 방해물이 없어도 경청하지 않는 것처럼 보임	
	4	종종 과제, 학업, 업무 등의 임무를 수행하지 못함	
	5	종종 과제, 활동을 체계화하거나 시간관리, 마감하는데 어려움이 있음	
	6	종종 지속적인 정신적 노력을 요구하는 과제(보고서 준비, 서류 작성, 긴 서류 검토)에 참여하기를 기피하고 싫어함	
	7	과제, 활동에 꼭 필요한 물건들을 자주 잃어버림	
	8	종종 외부 자극, 관련없는 생각에 의해 쉽게 산만해짐	
	9	종종 일상적 활동을 잊어버림(회신, 납부, 약속 등)	
과잉행동-충동성	1	종종 손발을 만지작거리며 가만두지 못하거나 의자에서도 몸을 꿈틀거림	
	2	종종 앉아 있도록 요구되는 환경에서 자리를 떠남	
	3	종종 부적절하게 지나치게 뛰어다니거나 좌불안석을 경험함	
	4	종종 조용히 여가 활동에 참여하지 못함	
	5	종종 끊임없이 활동하거나 태엽 풀린 것처럼 행동하고 가만히 있기 어려움	
	6	종종 지나치게 수다스럽게 말함	
	7	종종 질문이 끝나기 전에 성급하게 대답하거나 말을 가로채고 대화 시 자신의 차례를 기다리지 못함	
	8	종종 자신의 차례를 기다리지 못함	
	9	종종 타인의 활동, 물건, 일을 방해하거나 침해함	

※성인의 경우, 적어도 6개월 동안 각 항목 5개 이상

상담사 체크리스트를 해보니 좀 어떤가요? ADHD는 사실 '부주의' 요인과 '과잉행동-충동성'이라는 2가지 요소로 구성되어요.

하나 음…. 사실 어떨 때는 체크리스트에 있는 모든 게 제 이야기인 것 같기도 하고요. 특히 중요한 시험이나 과제를 해야 할 때 말이에요. 근데 또 어떨 때는 집중이 안 되는 일로 크게 생각하지 않는 것 같기도 하고 그래요. 어렵네요.

상담사 좋아요. 그럼 하나씩 확인해 보죠. 혹시 초, 중, 고 학창시절에는 좀 어땠나요? 집중이 안 되는 문제로 고생을 한 적이 있나요?

하나 딱히…. 모르겠어요. 그때는 정해진 대로 하기만 하면 되니까 집중이 안 되는 때도 많았지만 대학에 와서만큼 심각하진 않았던 것 같아요. 기억이 잘, 안 나기도 하고요.

상담사 다행이기도 하네요. 보통 ADHD와 관련해서는 아주 어렸을 때나 12살 이전부터 그 증상과 관련된 어려움이 있기 마련이거든요. 하나씨가 크게 기억이 안 날 정도라고 어쩌면 지금의 고민은 다른 불안이나 걱정이 하나씨를 더 힘들게 하는 건 아닌가 싶네요.

하나 그럴까요?

상담사 하나씨의 현재 학교 성적은 어느 정도인가요?

하나 음. 한 중상 정도?

상담사 성적이 아주 별로는 아닌가 보네요.

하나 그렇지만…. 마음에 드는 성적은 아니죠. 학과에 동기들을 보면 거의 4점대가 넘거든요. 저는 3점대라서. 저는 한다고 하는데도 안 되니까 이걸 왜 하고 있지? 해야 하나? 또 망치는 거 아니야? 뭐 이런 생각하다가 시간만 보내는 것 같아요. 답답해요.

집중이 되지 않는 원인 탐색하기

상담사 중요한 이야기네요. 공부를 해야 할 때, 불안한 생각이나 걱정들로 집중에 방해를 받고 있다는 거네요.

하나 그렇죠. 그럼 불안을 어떻게 없애죠?

상담사 물론 불안을 아예 없앨 수는 없지만, 불안은 행동으로 대체하면 좋죠. 공부 때문에 불안할 때, "그럼 내가 무엇을 하면 되지?" 라는 생각으로 일반적인 집중력 향상 방법들을 써보는 거죠.

하나 특별한 방법이 있나요?

상담사 하하. 좋은 질문이에요. 그런데 제가 함께 나누고 싶은 방법은 아마 하나씨도 아주 잘 알고 있는 방법일 거예요. 다만, 일상을 살다보면 무엇이 집중에 도움이 되는 방법인지 잊어버리고 지낼 수 있어서 점검해보는 것에 가깝죠. 또 실망스러울 것 같네요! 아주 특~별한 방법은 아니거든요.

하나 결국 진리는 단순한 건가 보네요.

상담사 와우! 빙고.

하나 한편으로는 그런 사실을 인정하는 게 싫었나 봐요. 정작 집중하려면 뭘 해야 하는지 들으면 아는데, 막상 실천하고 싶지도 않고, 해도 안 될 것 같고.

상담사 그래요. 좋은 성찰이에요. 그럼 5가지 정도를 같이 정리해 봐요. 먼저, 하나씨가 공부로 해야 할 여러 가지 분량이나 마감시간을 목록으로 만들어서 보이는 곳에 붙이는 방법이에요. 노트북 바탕화면, 휴대폰 바탕화면, 메모지로 적어서 책상에, 또는 알람으로 시간대별로 울리게 하기 등 다양하게 할 수 있어요. 해본 적 있나요?

하나 간단하게 메모한 적은 있지만 보이는 곳에 한 적은 없어요.

상담사 맞아요! 중요한 것은 늘 보이게 두는 거예요. 다른 걱정과 생각을 하다가도 여기저기 눈에 띄게 해야 할 것들이 보이면 다시 마음을 다지는데 도움이 되죠.

하나 그럼 저는 노트북을 가장 많이 쓰니까 거기에 해야 될 내용을 잘 보이게 화면을 한번 구성해볼게요.

상담사 좋아요! 두 번째는 자신이 그나마 집중이 잘 되는 장소와 시간을 알고 있고, 그런 점을 잘 활용하는지를 점검하는 거예요. 저는 도서관에서 공부하는 친구들이 그렇게 부럽고 멋져 보였는데, 단 한 번도 도서관에서 공부를 성공해본 적이 없답니다. 하하. 하나씨는요?

하나 하하. 상담사님도 그렇다니 마음이 좀 놓이네요. 저는 사실 아직까지는 잘 모르겠어요. 자취방이 나은지, 오히려 예전에 기숙사에서 살 때는 더 잘 됐던 것 같기도 하고. 한번 찾아볼게요.

상담사 좋아요. 세 번째는 정신이 산만해지는 것을 막기 위해 휴대폰은 끄거나 잠그는 기능을 쓰고, 책상 주변을 정리해서 할 일만 두는 거예요. 아니면, 자신이 집중할 시간을 30분, 50분 정도로만 정해서 그것도 알람으로 울리게 할 수도 있죠.

하나 휴대폰 끄는 일이 가장 어렵겠는데요?

상담사 맞아요. 저도 그럴 것 같아요. 친구들 연락이나 SNS 하는 것에 자꾸 신경이 쓰일 것 같으면 무음으로 해두는 방법도 있겠죠?

하나 아, 그럼 저는 무음으로 해 둘게요!

상담사 네. 다음은 규칙적으로 생활리듬을 맞추라는 건데, 이건 너무 너무 너무 너무 너무 중요해요. 결국 대학생활도 대체로 9시에서 6시라고 하는 일정한 시간 안에 일어나는 생활이죠. 그래서 너무 늦지 않게 자고, 너무 늦지 않게 일어나 생활하는 것이 습관으로 되어 있어야 피곤하지도 않고 공부하는 시간에 집중할 수 있답니다.

하나 근데 저는 보통 새벽 2~3시에 자는데요?

상담사 조금만 앞으로 당길 수 있을까요? 방학 때는 하나씨가 조금 원하는 대로 여유를 가지더라도 학기 중에는 새벽 1시 전에 잠을 잘 수 있다면 좋겠어요.

하나 그럼 12시 반 정도로 해볼게요.

상담사 그럼 기상시간은요?

하나 그건 보통 7시에는 일어나는 것 같아요.

상담사 아하, 그럼 평소에 취침시간이 좀 짧긴 했겠는데요?

하나 네, 그런 것 같아요.

상담사 좋아요! 마지막은요. 아까 하나씨가 말한 것처럼 걱정과 불안이 올라올 때 나에게 긍정적인 도움을 주는 문구를 하나 만들어 놓는 거예요. 이 말도 역시 보이는 곳에 두고 자주 눈으로 보고, 자주 읽고, 자주 사용해서 나를 스스로 관리하는 거죠.

힘들 때 도움이 되는 말 찾기

상담사 많은 학생들이 힘들 때 "잘하고 있어!" 라는 간단한 말이 가장 도움이 되었다고 하는 경우가 많았어요.

하나 저는…. 잘하고 있지도 않은데, 와닿지 않을 것 같아요.

상담사 물론 지금은 하나씨 자신이 얼마나 치열하게, 또 얼마나 진심으로 삶을 살아가고 있는지 스스로에게 인정하고 싶지 않을 수 있어요. 그런데 사실 오늘 이렇게 이야기를 나누는 자체가 하나씨가 엄~청 잘하고 있는 건 맞답니다. 잘하려고 고민하고 생각하고 시도해 보는 거니깐요.

하나 그건 맞긴 하네요.

상담사 그러니 영상에서나 책에서 자신에게 힘이 되는 말을 찾고, 멋지게 써서 잘 보이는 곳에 항상 붙여놔 보세요. 좋아하는 스티커나 물건도 좋고요. 이 5가지를 잘 점검해서 집중에 도움이 되도록 시도해보길 바랄게요.

하나 네, 감사합니다.

집중력 향상 전략 세우기

일반적인 집중력 향상 전략	적용방법
할 일은 목록으로 만들어 늘 보이는 곳에 두기	
집중이 가장 잘 되는 장소를 알고 사용하기	
휴대폰을 끄거나 잠그는 기능을 사용하고, 책상 정리하기	
대체로 일정한 시간에 자고 일어나기 (취침: 11-1시 사이, 기상: 7-9시)	
자신감이 떨어질 때, 나에게 도움이 되는 위로의 문구를 사용하기	

2 결국 저는 게으른 사람이죠

상담사 공부하기가 어땠나요, 하나씨.

하나 제가 ADHD까지는 아니어도 결국 게으른 사람이라 해야 할 일도 계속 미루고…. 제대로 안 될 것 같으면 안하는 제 자신의 모습을 봤어요. 가만히 생각해보면 인정하고 싶지 않았던 것 같기도 해요. 공부 방법을 모르는 건가, 시간 관리가 안 되나? 별 생각을 다 해봤는데요. 결국 그렇게 머리가 좋지도 않으면서 노력도 안하고 시간만 보내고 있는 걸 보면서, 그냥 제가 게을러서 그러는 거였어요. 게을러서 안한 건데 ADHD라 생각하는 것도 다 핑계였던 것 같아요.

상담사 이런, 냉혹해져서 돌아왔네요. 무슨 일이 있었나요?

하나 아. 흐흐. 오히려 현실을 직시해서 그렇겠죠.

상담사 무엇이 현실일까요? 하나씨가 게으른 사람이라는 게 현실일까요?

하나 지금 제가 생각하기에는 그래요. 막상 특별한 일이 없는데도 아무것도 하지 않으니까요. 아르바이트를 다녀오면 피곤하다는 이유로, 또 친구들 약속에는 나가도 공부는 잘 안돼요. 성적도 3점 후반대라고 했지만 그것도 이제 유지할 수나 있을지 모르겠어요.

상담사 허허. 게으른 사람의 일상이라고 하기에는 그 말도 좀 맞지 않네요. 오히려 성적이나 일상생활들이, 공부하는 정도가 내 마음에 만족스럽지 않다는 말이 더 어울릴 것 같아요. 어떻게 생각하나요?

하나 그렇죠. 만족스럽지가 않죠. 빈 시간에는 집중해서 좀 했으면 좋겠는데 잘 안하니까요.

상담사 네, 좋아요. 그런데 만약 하나씨가 게으른 사람이라면, 이런 고민을 할까 싶네요. 오히려 게으름을 조금이라도 못 견디는 사람이라고 보는 게 더 어울리지 않을까요?

하나 음…. 그것도 뭔가 맞는 말 같기는 해요. 그렇지만, 제가 알면서도 공부에 집중하지 않고 딴 짓을 하는 제 자신을 보고 너무 실망했어요. 영상이나 보고, 누워 있는 게 훨씬 더 좋고 공부는 너무 귀찮아요. 또 한편으로는 해봤자 성적도 거기서 거긴데 하는 생각도 들고. 그러니 결국 제가 게을러서 문제인거죠.

상담사 물론 그렇게 생각이 들 수도 있어요. 그럼 만약 하나씨의 친구가 같은 고민을 하고 질문을 한다면 무슨 말을 해줄 것 같나요?

하나 뭐, 그런 거 아니라고. 열심히 하고 있으니까 힘내라고 하겠죠. 그렇지만 그런 말은 저한테는 적용이 안돼요.

상담사 당황스럽네요!

하나 흐흐. 저도 제가 이상한 걸 알지만, 남한테는 되는 말도 저한테는 적용이 안 된다는 거죠.

상담사 그럼 우리는 하나씨가 게으른 사람인 것으로 마무리하고 끝나도 되는 걸까요?

하나 그건 아니지만…. 모르겠네요. 어떻게 하죠?

상담사 물론 공부에 집중하지 못하는 나를 보면서 '나는 게으른 사람이야' 하고 결론을 내리면 아주 편해 보이지만 그러면 그 다음 공부에 집중하게 할 생각이 오기 어려워요.
음. 우리 자신을 하나의 시스템이라고 해 보죠. 입력값으로 "게으름"을 넣으면 그에 맞는 행동이 나오겠죠. 그러니 입력값을 좀 도움이 되는 걸로 바꿔보는 건 어떨까요?

하나 시스템처럼요?

상담사 네네~ 인간도 하나의 시스템이라는 이야기는 들어보았죠?

하나 얼핏 들어본 것 같아요.

하나의 시스템으로 이해하기

상담사 결국, 우리 인간은 자신의 생명을 유지하기 위해 에너지를 사용하고, 또 우리의 뇌도 여러 부분들이 짜임새 있게 관련지어 상호작용하면서 복잡하게 얽혀있다는 거죠. 그렇다면, 공부에 집중하기 위해서는 어떤 명령어가 도움이 될까요?

하나 일단 지금 하면 돼?

상담사 오~! 바로 나오는 걸요?

하나 뭔가 코딩해서 입력값이나 명령어를 넣는다고 하니까 저를 비난하는 말이 좀 줄어들기는 하는 것 같네요.

상담사 다행이네요! 그 표현이 하나씨에게 좀 편안해져서요. 이런 방법이 자신의 목표를 향한 긍정적 에너지 사용인데요. 그럼 지금처럼 하나씨가 자신을 비난하지 않고 스스로를 격려할 수 있도록 '나는 게으른 사람이야'를 다른 값으로 바꾸려면 어떤 게 있을까요?

하나 그건 좀 어렵네요.

상담사 그럼 단계별로 가볼까요? 우리 스스로가 게으른 사람이라고 생각하는 것은 자신을 무력하게 하고 잘못된 에너지를 사용하게 하는 익숙한 생각이에요. 그러다 보면 굳이 공부할 필요성이 없어지고, 어떤 행동을 할 생각을 하지 않고 저항하게 되죠. 이러한 태도를 희망감 있고 나아가는 생각으로 조금만 바꾸어서 보면, 자신이 지금 바로 무엇에 집중해야 하는지를 찾을 수 있어요. 결국 자신을 격려해서 새로운 행동을 하도록 하는 것이 자신을 게으른 사람이라고 비난했던 에너지를 자신에게 유익한 방향의 에너지로 돌려서 사용하는 것이 됩니다.

익숙한 비난을 격려로 바꾸기

익숙한 생각 (비난)	▶	소극적 저항	▶	나아가는 태도	▶	새로운 생각 (격려)
나는 게으른 사람이야		나는 공부하지 않겠어		나는 공부할 수 있어		나는 ~ 것을 (행동)하겠어

참고: Dinkmeyer & Losoncy(1996)

하나 별 것 아닌 것 같지만, 표에 그려서 문장을 눈으로 보니까 격려하는 생각이 훨씬 마음에 드네요.

상담사 효과가 있었다니 다행이에요. 역시, 하나씨는 성장하는 자신을 더 좋아하는 게 맞나 보네요. 게으른 사람은 이런 대화에 관심 없을 것 같긴 한데요?

하나 앗! 그런가요. 흐흐.

상담사 우리가 자신에게 비난을 계속 하게 되면, 생각에서 생각으로, 머릿속에서만 움직이게 되어요. 그런 비난하는 생각이 들더라도 지금 무엇을 할지 결정한다면, 나를 격려하는 행동들이 되는 거죠.

하나 저를 탓하는 생각을 계속 하더라도 뭔가를 꾸준히 하라는 말인가요?

상담사 오~ 그렇죠! 격려해보자고 해서, 아직까지 익숙한 자기비난의 생각이 갑자기 펑! 하고 사라지진 않겠죠. 그리고 그런 자기비난의 생각이 이제는 그냥 쓱~ 지나가는 생각으로 지나갈 때까지 그냥 두는 거예요.

버스나 지하철 정류장을 생각해봐요. 아! 나는 또 나를 탓하는 버스와 지하철을 두근두근 기다리고 있어요. 역으로 들어와 멈춰서고 비난의 차를 탈까 말까. 지금 타? 하다가 그냥 지나보내면 그 생각은 또 지나가죠. 그러다 정말 나에게 필요한 차를 타고 가면 된답니다.

그래서 앞으로 자기비난 때문에 구체적 행동을 가로막는 저항하는 생각이 무엇인지도 확인해보고, 당장 무엇을 할지 점검해 보아요.

하나 재미있는 상상이네요. 도전해볼게요!

익숙한 자기비난을 구체적 행동으로 바꾸기

자주하는 익숙한 생각 (비난)	▶	저항의 마음	▶	태도의 전환—지금 바로 할 일	▶	구체적 행동
예) 나는 게을러.		한다고 되겠어?				나는 지금 2과목을 20분씩 교대로 보고 10분 쉬면서 3시간을 공부해 보겠어.

대학생
진로상담 편

제5장 호기심

1 좋아하는 게 없어요

조아 안녕하세요. 제가 진로를 생각하면 막막하고, 불안해서 오긴 했는데. 뭐부터 해야 할지 답답하기도 하고. 전공을 살릴 수 있을 것 같지도 않은데도 또 좋아하는 것도 없거든요? 좋아할 만한 일을 찾고 싶은데 가능할까요?

상담사 네~ 어떤 것 때문에 그런 막막한 마음이 들었을까요?

조아 사실 제가 지금 우울한 건지, 불안한 건지도 잘 모르겠어요. 다른 사람들은 다 견디고 이만하면 괜찮은 건데 저만 오버하는 건지….
또 그러다 막 뭔가 힘들어지는데, 이게 참기 힘들 정도로 힘든 게 맞는 건가? 구분하기도 어려워요.
굳이 이제 와서 좋아하는 걸 찾아야 하나 싶기도 하고. 전공이 안 맞아도 그냥 적당하게 전공하고 비슷한 거 찾아서 하면 되지 않을까요?

상담사 내가 힘들다면 힘든 거죠! '아~ 나 지금 힘든 거구나!'를 알아차린 것이 더 중요하지 않을까요?

조아 그럴까요?

상담사 네~ 또 이렇게 이야기를 나누며 생각하는 시간을 가지면 잊었던 것들이 확! 떠오를 수도 있답니다.

조아 그러면 좋겠어요.

상담사 예전에는 어땠나요? 조아씨가 좋아하는 것이 있었나요?

조아 지금은 딱히 제가 뭐를 좋아했는지 기억이 잘 안나요. 물론 예전에는 있었겠죠? 근데 그게 다 무슨 소용이 있나 싶으니깐요.

상담사 무슨 뜻일까요?

조아 그러니까. 제가 만약에 무언가를 엄청 좋아했다면 지금도 하고 있지 않을까? 예전에 관심있다고 생각한 것은 다 그냥 일시적인 거니까 그렇지 않을까? 그렇게까지 좋아한 건 아니니깐 지금은 생각도 잘 안 나고, 그쪽으로도 안 간 거겠지라는 그런 생각들이 들거든요?

상담사 아~ 조아씨가 그래도 좋아했던 활동이나 일을 지금은 하고 있지 않으니 그때 좋아했던 마음에도 확신이 서지 않나 보네요. 제가 잘 이해했나요?

조아 네. 그렇잖아요? 만약에 제가 정말 좋아하는 일이 있었다면, 계속 관심을 가지고 지금도 꾸준히 해서 남들처럼 무언가라도 하고 있지 않았을까요?

상담사 음. 조아씨 말처럼 그렇게 생각하는 게 꽤 괜찮은 추론인 것 같기도 해요. 진로로 삼을 만큼 좋아한 일은 아니어서 아마도 지금 생각이 잘 안 나는 것이다, 정말 진로나 직업으로 하고 싶었다면 어떻게든 지금 하고 있었을 것이다.

조아 네. 그렇죠.

상담사 그렇지만 그게 사실이라면, 거의 직업결정론에 가깝네요. “처음

정한 걸 너는 끝까지 해야 해!" 좀, 부담이 되긴 하네요.

조아 흐흐. 그렇긴 한데….

상담사 물론 어떤 관심사가 계속 유지될 수도 있겠지만, 좋아하고 관심이 갔던 과거의 활동이 어떤 특성이 있었길래 나의 '호기심'을 자극했는지 확인하는 건 중요할 수 있어요.

조아 호기심이요?

상담사 네! 호기심이라는 게 뭔가를 알고 싶어 하는 마음이잖아요. 이유를 알고 관심이 가기도 하고, 이유를 잘 모르는데도 뭔가 나의 '관심 에너지'가 그쪽으로 쏠리게 되기도 하죠. 조아씨가 과거에 관심이 가고 좋아했던 것이 어떤 특성이 있어서 그랬는지를 우리가 좀 생각해보면 그래도 진로의 특성을 찾는 것에 도움이 될 거예요.

호기심에 대해 안내하기

상담사 호기심은 무언가 알고 싶어하는 마음으로 흥미, 관심과도 비슷한 말이에요. 많은 학자들은 만약 무언가에 대해서 정보를 전혀 가지고 있지 않다면, 호기심을 가지기 어렵다고 말합니다. 예를 들어 우리가 '고양이'라는 생명체를 전혀 몰랐다면, 당연히 궁금해할 수 없잖아요?
그래서 살면서 나에게 지적 자극을 일으킨 영역에 대해 살펴보는 것은 중요하죠! 어떤 경험을 통해 자발적으로 탐구심이 일어난 거니깐요.

조아 제가 그렇게 열심히 한 게 아닌 데도요?

상담사 아! 조아씨는 '열심히 해야 관심이 있는 거다'라고 생각이 드나 보네요.

조아 그렇죠. 관심이 있다면 당연히 그렇지 않을까요?

관심이 있다 ≠ 열심히 한다는 동의어가 아님을 알리기

상담사 우선 여기서는 이 2가지를 구분해 보죠. '관심이 있다 = 열심히 한다' 가 같은 의미가 되려면, 우리는 국어사전을 다시 만들어야하지 않겠어요? 언어학자에 호기심이 있어서 새롭게 풀어 쓴 국어사전을 만들어 보는 건 아니죠?

조아 아…. 흐흐. 민망. 그렇긴 하네요.

상담사 '관심이 있다면, 열심히 해야 한다'는 것은 조아씨의 어떤 삶의 가치관으로 봐야겠죠. 답답한 마음에 툭 튀어나온 내 안의 엄격한 선생님의 목소리일 수도 있고요.

조아 음. 그게 더 가깝긴 하죠.

상담사 동의해주어 감사해요! 하하. 우선 호기심이나 관심에 대해서도 있는 그대로 먼저 본 다음에 생각해보면 좋겠어요.

조아 네.

상담사 좋아요! 조아씨 있잖아요. 예를 들면, 저는 초등학교 때, 중국 영화를 너무 좋아했어요. 영화 대사를 소리나는 대로 한글로 받아쓰고, 자막의 번역된 말을 그 밑에 써서 외우기도 했죠. 그런 일화를 지금 이렇게 천천히 생각해보면, 제가 영화를 만드는 일이나 배우에 관심이 있었다기보다는 다양한 언어, 사람들의 말소리, 목소리, 또 그 배우들의 감정선에 관심이 있었구나 생각이 되어요.

제 이야기를 들으면서 혹시 조아씨도 어릴 때 좋아했던, 학창시절에 좋아했던 것을 이야기해줄 수 있나요? 생각해보면서 간략하게 써 봐도 좋겠어요.

시기 구분	호기심 갔던 영역	그 활동의 특성	이를 통해 알 수 있는 나의 특성 ('남'이라 생각하고 분석해주기)
초등학교 때			
중학교 때			
고등학교 때			
현재			

상담사 살펴보니 어떤가요?

조아 생각하다 보니깐, 제가 그림 그리기를 좋아했던 이유는 그림 자체도 있지만 어떤 사물을 계속 관찰하는 걸 좋아했다는 게 느껴졌어요. 가만히 들여다보는 게 신기하기도 하고 좋더라고요.

그런 점이 사람들하고 대화를 나눌 때도 있었거든요? 저는 직접적으로 대화에 끼기보다는 사람들이 왜 저런 말을 할까? 무슨 생각일까? 이런 분석하는 걸 더 좋아하는 것 같거든요. 사람들 많을 때, 혼자 말 안하고 가만히 있는 게 남들한테 이상하게 보일까봐 걱정하는 것도 사실 되게 컸는데, 그런 이유도 있었다고 생각해보면 제 행동이 이해되기도 하고요. 그래서 그 모임이 싫어서 이야기 안하는 게 아니라, 관찰하는 것도 재미있다고 친구들한테 말해주면 좋을 것 같아요.

상담사 와우~ 조아씨가 이제 슬슬 자신의 호기심 영역에 대해 제대로 된 매니저가 될 수 있을 것 같다는 확신이 드네요?

조아 그러게요. 저도 제 호기심을 잘 관리하는 매니저가 된다면 정말 좋겠네요.

2 호기심과 진로가 연결되나요

조아 선생님, 제가 이런 호기심들이 있다는 걸 그럼 진로랑 어떻게 연결해야 하는 건가요?

상담사 현실적인 고려사항이네요.

조아 관심이 있다고 해서 다 진로가 되는 건 아닌데, 그걸로 뭘 해야 하는지 모르겠더라고요.

상담사 맞아요. 너무 막연하게 들리죠. 또 세상에는 너무나 많은 직업과 진로가 있기 때문에 진로는 늘 막막해요.
그렇다고 진로를 딱 한 번 결정해서 평생을 살아간다고 생각하면 더 어려워지죠. 특히나 변화가 많은 세상에서 우리가 생각한 대로 흘러가지 않기도 해요. 결국 주어진 상황에서 하나씩 할 수밖에 없는데…. 예를 들면, 이런 거죠.

조아 어떤?

상담사 나의 관심사, 호기심의 영역을 봤더니, 사람들과 대화를 나누는 것이 좋더라. 그러니 어떤 분야의 어떤 진로로 방향을 가지든 나는 팀으로 일하는 곳으로 가야겠다! 혼자는 무진장 외로울 것 같다! 이런 식으로 하나씩 조건을 맞춰 간다는 느낌?

조아 아, 뭔가 구체적인 이상형을 찾는 느낌도 드네요.

상담사 아, 하하. 그런가요? 좋아요. 이상형 찾기도 가능하죠. 사실 진로에도 여러 가지 이론도 있고, 다양한 심리검사도 있지만 결국에는 자신의 적성과 흥미가 핵심이거든요. 그 2가지가 가장 잘 발휘되는 곳을 찾아 가려면 나의 특성을 하나씩 잘 조합해 보아야겠죠.

조아 저는, 그냥 대기업에 가고 싶다! 이렇게 자꾸 생각이 나요.

상담사 그럴 수 있죠!

조아 또 그냥 쭉, 대학 때부터 또는 학창시절부터 정해서 그 길로만 가는 사람은 좋겠다, 이런 생각도 들고요.

상담사 그럼요, 그럴 수 있죠! 저도 그런 사람들이 정말로!! 부럽습니다.

조아 놀리는 건, 아니죠?

상담사 놀리다니요. 저 역시 20대 후반까지 뭘 해야 하는지 찾아다니면서 진로를 일찍 정한 사람들을 정말 부러워했어요. 지금도 그 생각은 마찬가지고요. 그렇지만 조아씨도 잘 알 거예요. 지금의 상황을 잘 알게 된 게 더 중요하다는 걸요. 그럼 조아씨가 찾은 조아씨의 호기심 영역은 어디였나요? 가장 기억에 남는 것을 알려주세요.

조아 제가 좀, 여행도 좋아하고 외국도 좋아해서요. 그냥 그런 쪽에 뭔가 막연한 기대가 있는 것 같아요.

상담사 좋아요. 그럼 또 조아씨가 현재 가장 고려하고 있는 진로 방향에는 어떤 것이 있나요?

조아 제가 다니고 있는 학과가 사회복지 쪽이라, 그쪽으로 공무원이나 사회복지사나 뭐 그런 걸 생각하고는 있어요. 잘 맞을지는 사실 모르겠어요.

상담사 네! 좋아요. 우리가 그 직업으로 바로 가지 않더라도 자신의 현실적인 진로 방향과 호기심을 연결해서 생각하는 연습을 한번 해볼까요?

조아 네.

상담사 마음이 막막할 때는 나만의 직업인을 한번 만들어 보세요.

구분	고려하고 있는 진로 방향은?	그 진로에 관심을 가진 이유는?	직업과 관련 없어 보이는 호기심 영역	나의 특성(형용사/동사) + 직업
예시	사회복지사	학과를 다니고 있어서	언어, 외국에 대한 관심?	외국인을 돕는 사회복지사?
1				
2				
3				

조아 상상하다 보니까, 뭔가 제 '부캐'를 만드는 느낌도 나네요. 원래는 그냥 사회복지사인데, 뭔가 캐릭터가 있는 느낌?

상담사 아! 좋은 표현이네요. 평범한 직업인이 아니라, 조아씨만의 특징이 있는, 고유한 느낌! 맞아요. 이제는 일률적인 직업인보다는 자신만이 할 수 있는 고유성이 묻어나는 것이 중요하죠. 자신의 정체성과도 관련되니까요!

조아 정체성이 진짜 중요한 것 같아요.

상담사 네. 그런 게 바로 진로와 호기심이 만나서 빛을 발하게 되는 순간이 아닐까요?

조아 네! 갑자기 좀 신나는 느낌도 들어요. 종종 한번 연결해서 생각해 볼게요. 그럼 진로를 결정해 나가는 것도 힘이 될 것 같아요.

제6장 자기이해

1 남보다 특별히 잘하는 게 없어요

벼리 저는 사실 진로? 취업? 그런 게 너무 막막해요. 전공을 하고 있지만 그것도 딱히 감이 안 잡히고, 뭐를 해야 될지 도무지 모르겠어요.

상담사 하고 싶은 게 없다는 뜻일까요?

벼리 특별하게 잘 하는 게 없다? 남보다 잘하는 점이 없는? 그런 거에 더 가깝죠.

상담사 어떤 분야에서 평균 이상의 성과가 나와서 상위권의 실력을 보이는 영역을 찾기를 바란다는 거겠네요?

벼리 아무래도 그렇죠! 그래도 뭔가 제가 남보다 잘하는 게 있어야 그걸 진로로 잡을 것 같은데, 그런 게 전혀 없으니까 뭐를 해야 할지 모르겠어요. 그냥 저는 뭘 해도 보통 수준인 것 같아요. 근데 그걸로 정해도 되는 건지, 그러기에는 너무 불안한 거죠.

상담사 음. 남보다 잘하는 거라…. 그런 생각을 하니 저도 그런 사람이 매우 부럽기는 하네요.

벼리 네?

상담사 저도 뭐 그런 사람은 아니라서요. 그래도 이렇게 상담사라는 직업으로 살고 있는데, 갑자기 작아지네요?

벼리 네? 그런 뜻은 아니라. 그래도 상담사님은 이미 자기 분야의 일을 하고 있잖아요.

상담사 그렇지만, 저도 벼리씨와 같은 시기에는 이 직업을 할지도 몰랐고, 그렇게 특별한 능력을 가지고 있는 건 아니었거든요. 지금도 마찬가지고요. 그저 하다보니 지금 이 자리에서 벼리씨를 만나고 있는 거죠.

벼리 ……. 시간이 좀 필요하다는 뜻인가요?

상담사 그것도 맞는 말이긴 하네요. 또 특별하게 잘하는 일이 아니라도 벼리씨가 해볼 만한 것은 무엇인가 궁금하기도 하다는 뜻이었어요.

벼리 모르겠어요. 딱히, 제가 뭔가를 해본다는 게, 뭘 좋아하는지도 모르겠고요.

상담사 그럼 벼리씨는 어떤 사람인가요?

벼리 네?

진로 고민의 첫 출발은 "나는 어떤 사람이지?" 떠올리기

상담사 진로가 너무 막연할 때는 내가 좋아하는 것, 내가 싫어하는 것, 생각만 해도 하기 싫은 일, 괜히 호기심이 생기는 일 등 나에 대한 브레인스토밍(Brainstorming)을 해보는 것이 도움이 되거든요.

벼리 다른 사람에 비해 특별한 장점이나 재능이 없어도요?

상담사 글쎄요. 결국 누구보다 특별히 잘한다는 것은 신기루 같아요. 무엇을 비교점으로 하는지가 너무 다양하고요. 결국 '나'라는 한 명의 타인을 이해해서, 그 사람이 어떤 진로를 하는 것이 적합할까 적용도 해 봐주고, 그러다 보면 그 순간 그 진로와 나라는 한 사람이 합쳐져서 세상 어디에도 없는 특별한 일이 벌어지는 일이라고 생각해요. 그거야말로 가장 특별하죠.

벼리 꿈같은 이야기네요. 뭐, 그런 말이야 다들 하긴 하지만. 그건 저처럼 별 볼일 없는 사람들에게 괜한 희망고문? 그런 거 아닐까요?

상담사 하하. 그렇게 들릴 수도 있을 것 같아요. 그렇지만 그 뻔한 이야기를 많은 사람들이 하는 데에는 또 이유가 있지 않을까요? 자신에 대해 알아가는 시간을 가지지 않는다고 해서 갑자기 특별한 능력이 생기는 건 또 아니니깐 밑져야 본전이지 않겠어요?

벼리 네. 그건 맞아요.

상담사 자, 첫 번째 방법은 벼리씨의 선호도를 먼저 한번 적어보는 거예요. 휴대폰이나 PC를 이용해서 쭉 작성한 다음에, 생성형 AI를 이용해서 그 단어들의 공통점과 좋아하는 것과 싫어하는 것의 차이점을 알려달라고 해보세요.

벼리 아~. 그런 방법이?

상담사 그렇죠? 이런 걸 좋아하는 사람, 이런 걸 싫어하는 사람에게 어떤 진로나 분야가 어울릴까? 등등. 분석해야 하는 질문은 AI를 활용할 수 있답니다.

벼리 대박인데요?

상담사 네, 그렇게 말해주어 고마워요. 그리고 그 다음 방법은 나에 대해 좀 잘 아는 사람이라고 생각하는 사람 3~5명에게 나의 장점이나 좋은 점에 대해서 알려달라고 하는 거예요. 주변의 피드백은 내가 보지 못한 면을 잘 찾아줄 수도 있기 때문에 나를 이해하기에 좋은 자료죠. 그건 AI도 찾아줄 수 없으니깐요.

벼리 둘 다 한 번씩 해보면 좋을 것 같아요.

자기이해 활동하기
1) 자신이 좋아하는 것, 싫어하는 것, 생각만 해도 별로인 일, 궁금한 일 등을 항목마다 작성하기
2) 자신의 생각, 글 등을 입력하면서 생성형 AI를 활용하여 분석 요청하기 (어울리는 진로 분야, 성격 유형 등)
3) 나를 잘 아는 사람 3~5명에게 나에 대한 장점, 좋은 점 들어보기

상담사 다음은, 결국 다양한 활동이나 봉사, 아르바이트 등을 통해서 또 탐색을 해보는 건데요.

벼리 으악!

상담사 흐흐. 막연할 땐, 직접 움직여서 체험해보는 것만큼 확실한 건 없죠. 최소한 이런 분야는 못 가겠군, 하고 제거라도 할 수 있어요.

벼리 사실요. 제가 편의점 아르바이트도 해보고, 패스트푸드점에서 주문도 받고 만드는 것도 해봤거든요? 근데 그런 것도 남보다 일을 능숙하게 하는 것도 아니고 그렇게 제가 일을 배우는 게 빠르지도 않았어요. 이런 일도 이 정도밖에 못하는 데 뭘 잘 할 수 있나. 그런 생각이 자동적으로 들어서. 자신감이 좀….

상담사 네. 물론 편의점이나 패스트푸드점은 매장이 엄청 많으니깐 아르바이트 자리가 많기도 하죠. 그렇지만 그 일도 꼼꼼한 계산, 정리정돈, 동시에 여러 가지 일 처리하기, 빠르게 움직이기 등. 그 일에 필요한 강점이 있죠. 일 자체를 능숙하게 처리했는지 아닌지보다는 내가 가진 강점이 그 일과는 맞았는지 아닌지, 또는 잘 하지 못했는데도 관심이 갔던 일인지, 그런 것을 확인하는 게 더 중요해요. 어땠나요? 해본 아르바이트에서 세부적으로 괜찮았던 일이 좀 있나요?

벼리 음. 저는 편의점 아르바이트할 때, 상품을 앞으로 빼고, 새로 들어온 물건을 뒤로 넣고 똑바로 맞춰서 정리하는 게 사실은 괜찮았어요. 묘하게 뿌듯하기도 했고요. 뭐, 제가 그렇게 정리해두어도 손님들은 잘 모르지만요.

상담사 오, 굉장한 발견인데요?

벼리 그런가요?

상담사 벼리씨가 앞으로 어떤 활동을 선택하든 지금 벼리씨 자신이 차분하고 정갈하게 하는 일들을 선호할 수도 있다는 점을 잘 기억해두면 좋겠어요. 작은 부분이라고 느낄 수도 있지만 결국 그런 강점들이 모으다 보면, 벼리씨가 말하는 '특별함'이 보일 수 있겠죠.

벼리 그럴 수 있다면 좋겠네요.

특별하다는 느낌 발견해나가기

상담사 음. 좀 더 극단적으로 표현하면, 특별함이란 결국 자신이 어떤 특별함을 가졌는지를 얼마나 더 발견했는가 아닌가, 언제 발견하는가, 그런 차이일 수도 있잖아요?

벼리 발견하기 나름이라는 뜻도 되겠네요.

상담사 좀 더 강하게 표현 한번 해보았어요. 하하.

벼리 네. 그래도… 저도 그럼 뭐라도 하긴 해야겠어요.

상담사 좋아요. 우선 벼리씨가 "나는 진로를 선택하기에는 남보다 특별히 잘하는 게 없다."라는 생각이 자신에 대해 알아가고, 또 무언가 탐색하고 경험해보는 것에 방해가 되었잖아요?

벼리 그렇죠.

상담사 그 동안 벼리씨의 진로 선택이나 결정에 방해되었던 그 생각을 써 보고, 그 생각을 조금 변경해 보기 위해 그 동안 살면서 벼리씨가 경험한 다양한 일들을 떠올려보고, 진로 성공을 돕는 생각과 방향을 정리해보는 것도 도움이 되어요. 경험들을 정리하다 보면 좀 더 자신에 대해 이해하는 시간이 될 거예요. 혼자하기 힘들면 친구와 함께, 또는 아까 말한 생성형 AI와 함께 해 보아도 아주 좋아요!

벼리 네. AI를 써 볼 수 있다고 하니 간편할 것 같아서, 한번 해볼게요.

상담사 좋아요.

진로에 방해되는 생각	"남보다 특별히 잘하는 게 없어요"

↓

타고난 장점	특별히 잘할까 못할까 고민하지 않고도 할 수 있는 활동들을 작성해 보세요.	
지금까지의 주요 학습경험	좋아하는(과목) 분야	
	괜찮았던(과목) 분야	
	아르바이트, 동아리 활동, 봉사 등을 통해 배운 것들	
고려해야 하는 현실적 여건		
무언가 배우기 위해 주로 사용하는 방법	정보 수집하는 스타일, 낯선 상황에서 주로 느끼는 기분, 자신에 대해 생각하는 방식 등을 써 보세요.	

↓

보완한 생각	

2 자기이해를 할수록 내가 별로인데요

벼리 근데요, 선생님.

상담사 네, 벼리씨.

벼리 저에 대해 알아가려고 할수록 점점 제가 더 싫어지는 느낌이에요. 굳이 알지 않아도 되는 부분까지 알게 되어서 스트레스를 더 받는 것 같은데, 이게 결국 진로를 준비하는데 도움이 될까요?

상담사 아, 이런. 그 지점을 생각하지 못했네요. 벼리씨의 그 의문이 자기이해에 꼭 필요한 이야기이긴 하죠.

벼리 그냥 제 자신에 대해 마음에 안 드는 것만 커져 가는데, 계속 해야 할까요?

상담사 글쎄요. 어려운 질문이네요.

벼리 네?

상담사 벼리씨 말처럼 자신을 알아가는 시간이 너무 힘이 든다면 하지 않아야겠죠. 그렇지만 막상 또 나에 대해 모른다고 하면 내가 뭘 잘할 수 있고, 어떤 진로를 가면 좋을지 더 막막할 수도 있겠죠.

벼리 그냥 남들 눈에 적당히 괜찮은 정도로 취업하면 되잖아요. 내가 어떤 사람인지 알아갈수록 제 자신이 그 정도밖에 안 되는 사람이라는 걸 더 직면하게 되는 느낌이거든요. 괜히 자괴감만 생기는 것 같아요.

상담사 남들 눈에 적당히 괜찮은 정도라….

벼리 그냥 대기업 있잖아요.

상담사 구체적으로…. 어떤?

벼리 ….

상담사 또… 어떤 분야로… 가야 적당~~ 할까요??

벼리 그렇게 뜸들이지 마시고, 그냥 하고 싶은 말을 하세요. 답답해지려고 하네요.

상담사 흐흐. 눈치를 챘나요?

벼리 네. 자꾸 뜸을 들이시니까.

상담사 뭐라고 서두를 해야 하나 싶어, 고민이 되어서요. 물론 저도 벼리 씨의 의문이 이해가 가요. 나에 대해 안다는 게 그게 쉬운 일이면, 소크라테스가 말했다고 하는 그 유명한 "너 자신을 알라"라는 말이 왜 아직도 회자가 되겠어요.

상담사 관점에서의 진정한 자기이해의 다양한 의미 제안하기

상담사 제 생각에 스스로를 이해한다는 것은 자기에 대해 안다는 것이고, 안다는 것은 나를 있는 그대로 받아들이는 거고, 또 받아들인다는 것은 나에게 긍정할 수 있다는 거고, 결국 그건 자신의 특성을 잘 반영해서 나를 관리할 수 있다는 뜻이기도 한 것 같아요. 물론 또 다른 의미의 자기이해도 있을 거예요.

벼리 네. 받아들이고 긍정한다는 게 저는 쉽지 않네요.

상담사 자신에게는 마음에 들지 않는 면도 무지하게 많다는 걸 또 인정해야 되겠죠. 지금 벼리씨는 "조하리의 창"이라는 모델에 접목해보면 자신이 몰랐던 부분을 알아가고 있는 것 같아요. 조하리의 창은 대인관계에서 상호작용 과정을 설명하는 유용한 모델이지만 자신을 인식하는 일에 많이 사용하기도 해요. 나에 대해 '내가 알고 있는 영역'과 '내가 모르는 영역', '다른 사람이 나에 대해 아는 영역'과 '다른 사람도 모르는 영역'으로 기준을 삼아서 총 4가지 영역으로 구분이 되어요.

벼리 어디서 들어본 적은 있는 것 같아요.

상담사 네! 그럼 한번 체크해 보세요. 열린 자기, 보이지 않는 자기, 숨겨진 자기, 미지의 자기 총 4가지에서 벼리씨는 어떤 영역이 가장 클까요?

		자기인식	
		자신이 아는 부분	**자신이 모르는 부분**
타인인식	**타인이 아는 부분**	열린 자기 (Open area) 나도 알고, 남도 아는 영역	보이지 않는 자기 (Blind area) 나는 모르고, 남은 아는 영역
	타인이 모르는 부분	숨겨진 자기 (Hidden area) 나는 알고, 남은 모르는 영역	미지의 자기 (Unknown area) 나도 모르고, 남도 모르는 영역

상담사 점검해보니 어떤가요?

벼리 약간, '숨겨진 자기'라는 부분에 대해 알고 싶지 않은 것 같아요.

상담사 그렇군요. 누구나 숨기고 싶은 부분을 드러내지 않으려고 하는 것은 자연스러운 본능과 같은 거죠. 약점이나 인정하고 싶지 않은 것을 피하고 싶은 건, 잘 생존하고 싶다는 마음일 거예요. 그러니 벼리씨가 자기이해의 과정을 너무도 잘 따라오고 있는 게 아닐까요?

벼리 괴로워지는 게 당연하다는 말인거죠?

상담사 네, 맞아요. 그런데 그 괴로운 걸 왜 해야 하는가? 라는 질문의 답은 사실 이미 벼리씨가 알고 있죠.

벼리 자기를 이해하는 게 중요할 것 같다는 건 알고는 있어요. 근데 뭔가 마음에 안 들어요. 그 과정도, 나 자신도….

상담사 그러게요. 안다는 건, 괴로움을 동반하긴 하죠. 게다가 만약 벼리씨가 자신을 이해할 필요가 없었다면 이런 진로에 대한 고민도 하지 않았을 거예요.

참 신기하게도 세상의 많은 일에는 양면이 있어요. 별 고민 없이 쭉 진로를 결정해온 사람은 그 나름대로의 이점도 있어 보이지만 정작 진짜 자기에 대해서는 잘 모를 수도 있고, 치열하게 진로에 대해 고민해온 사람은 누구보다 나를 가장 잘 아는 이점을 얻을 수도 있죠.

벼리 ….

상담사 벼리씨 표정을 보니, "저는 차라리 고민 없이 한 방에 진로를 결정하는 사람이고 싶어요~"라고 말하는 것 같네요.

벼리 속일 수 없네요.

상담사 하하. 벼리씨가 그렇게 외치고 싶겠지만, 미안해요! 이미 그럴 수 없기 때문에 이런 고민을 하고 있는 거니까요.

누구에게나 별로인 부분이 있어요. 뻔한 말이지만요, 그런 별로인 나를 좀 예뻐해~보세요. 그 아이도 알고 보면 참, 멋진 사람이랍니다!

"자기이해" 정도 돌아보기

다음 문항에 해당하는 정도가 높을수록 5점 ~ 낮을수록 1점을 채점하여 합계 칸을 완성해보세요.

번호	문항	1~5점	합계
1	내가 좋아하는 음식, 장소, 취미 등에 별로 관심을 두지 않는다.		
2	내 기분을 잘 모르겠다.		
3	스트레스 받았다는 것을 나중에 알게 되는 경우가 많다.		
4	나에게 중요한 도덕적, 사회적 기준을 알고 있다.		
5	진로든, 대인관계든 어떤 범위 이상 허용되지 않는 나만의 선이 있다.		
6	직업선택에서 내가 무엇을 중요하게 여기는지 알고 있다.		
7	주변 사람들은 나보다 내 성격을 더 잘 파악한다.		
8	사람들이 내 특성에 대해 말해줄 때, 깜짝 놀랄 때가 많다.		
9	누군가 나에 대해 이야기해주면, 그제야 정말 그런 면이 있다고 생각된다.		
10	자기이해는 중요한 일이라고 생각한다.		

문항	점수기준	해석
1-3번 (흥미영역)	7점 이하	자신의 흥미에 관심이 많군요. 좋아하는 것이 진로에 어떻게 반영될지, "대면없는 실시간 민원업무 처리"처럼 다양한 해석놀이를 해보세요.
	8점이상	내가 무엇을 좋아하는 사람인지 잘 모르고 있네요. 일주일간 〈나의 관찰일기〉를 써 보세요.
4-6번 (가치관/신념 영역)	8점이하	가치관은 내가 어떻게 행동하게 될지 결정하게 되는 중요한 기준이 됩니다. "옳다" "옳지 않다"라는 생각이 들 때에는 잘 살펴봐주세요.
	9점 이상	자신이 중요하게 여기는 가치와 신념을 지키는 일은 매우 중요합니다. 칭찬해주세요.
7-9번 (남이 아는 나)	11점 이하	나에 대해 스스로 잘 이해하고 있나요? 혹은 나도 타인도 나에 대해 모르는 부분이 많나요?
	12점 이상	나보다 다른 사람이 나에게 관심이 더 높군요. 그 피드백이 정말 나를 표현하는 것이라면, 잘 활용해 보세요.
10번 (자기이해 관심지표)	1-2점	"나를 알아가자! 나를 알아가자! 나의 사랑스러운 면을 보자!" 3번 외치세요!
	3점 이상	자기이해는 진로를 포함한 삶의 방향을 정하는 것에 매우 중요한 자료입니다. 앞으로도 자신을 잘 관찰하는 습관을 가지세요.

제7장 성취감

1 아무것도 하고 싶지 않아요

상담사 만나서 반가워요. 어떤 이야기를 하고 싶은지 들어볼까요?

이룸 진로를 결정해야 하는데…. 하고 싶은 게 없어서 걱정이에요.

상담사 진로를 정해야 하는군요. 언제까지 결정을 해야 하는 거예요?

이룸 아, 뭐 언제까지 그런 건 없지만, 제가 이미 3학년이고 하니까, 너무 늦었잖아요.

상담사 진로를 정하기에 3학년이면 너무 늦었다고 생각하는군요. 그렇다면 적절한 시기는 언제일까요?

이룸 아니, 그게 딱 정해져 있지는 않지만… 다른 친구들은 입학할 때부터 정해서 들어온 친구도 많고… 지금은 대부분 취업할 회사도 다 정해서 알아보고 하는데 저만 아무것도 정한 게 없어요.

불안한 마음 해석해보기

상담사 다른 친구들이 이미 다 정했다는 생각이 드니까 이룸씨가 더 조급한 마음이 드는군요.

이룸 맞아요. 다른 친구들은 막 척척 앞으로 가는데, 저만 이러다 졸업할 때까지 정하지 못할까봐 너무 겁이 나요.

상담사 그런 생각이 들면 정말 답답하고 불안할 것 같아요.

이룸 맞아요. 그런데 이렇게 생각만하고 정하질 못하니까. 아무것도 하고 싶지 않고 무기력해지기만 해요.

상담사 에고, 조급한 마음에 행동이 따라주지 못하니 더 힘들었겠어요. 그런데요 이룸씨, 진로는 빨리 정하는 것보다 정하는 방법을 아는 것이 더 중요해요.

이룸 정하는 방법이 따로 있나요?

상담사 그럼요. 어떤 걸 기준으로 고민해야 하는지, 나는 어떤 사람이라서 어떤 직업을 해야 더 행복할 수 있는지를 고민하는 것이 가장 중요해요.

이룸 제가 행복할 수 있는지요?

상담사 그럼요, 당연히 이룸씨가 행복할 수 있는지 확인해야죠. 이룸씨가 앞으로 할 일, 어떻게 살아갈 지를 정하는 일이 바로 '진로' 니까요.

이룸 그런데 저는 사실, 제가 뭘 좋아하는지도 모르겠어요.

상담사 그럼 우리 그것부터 찾아볼까요?

이룸 지금이요?

상담사 지금부터요. 지난 한 주 동안을 돌아볼게요. 즐거웠다고 생각하거나, 다시 해보고 싶다고 생각한 일 있어요?

이룸 글쎄요, 즐거운 기억이 딱히 없어요.

상담사 떠올리기 어렵죠? 그런데 즐거웠던 일은 대단한 일에 있는 게 아니에요. 등교하면서 카페에 들렸는데, 입맛에 딱 맞는 커피가 나와서 너무 맛있게 마셨다. 수업시간에 동기를 만나서 재미있게 이야기를 하면서 수업을 기다릴 수 있었다. 처럼요.

이룸 아, 꼭 직업과 관계된 게 아니라도 괜찮아요?

상담사 그럼요, 지금은 그저 이룸씨가 평소에 정말 즐거움을 느끼지 못했는지, 아니면 즐거움을 아무것도 아닌 것으로 지나쳤는지를 확인하려는 거예요.

이룸 그럼 있어요. 오늘도 학교 도착했는데 시간이 남아서 카페에 들려서 커피 마셨는데, 너무 좋았어요.

상담사 아, 이룸씨 커피 좋아해요?

이룸 네, 커피도 좋아하고요, 뭔가 커피사고 수업 시작하길 기다릴 때 여유있는 것처럼 느껴져서 좋아요.

상담사 여유가 느껴지는 것이 좋았던 거군요. 이룸씨 취향을 하나 알게 되었네요.

이룸 맞아요. 제가 여유 있는 걸 좋아했네요. 그런데 이게 진로를 찾는데 도움이 될까요?

상담사 오늘은 한 가지를 생각해냈는데, 기록으로 남기다 보면 적은 내용에서 공통점을 발견하게 될 거예요. 사람과 함께 하는 시간을 좋아하는지, 혼자서 해내는 걸 좋아하는 지, 실내에서 작업하는 걸 좋아하는지, 야외에서 작업하는 걸 좋아하는지 등등이요. 오늘부터 짧게라도 기록을 해보는 거예요. 하루에 있었던 일을 되돌아보면서 해당되는 내용을 적어보세요.

잠들기 전 5분 일기쓰기

- 좋았던 일
- 재밌었던 일
- 기회가 된다면 다시 하고 싶은 일 적기

- 한 주 동안 가장 즐거웠던 일 적기

이룸 매일 즐거운 일이 있을까요?

상담사 매일 세 칸을 채울 수는 없을 거예요. 그래도 매일 행복한, 뿌듯했던 순간을 찾고 곱씹어 보는 건, 이룸씨가 무기력에서 나오게 하는 데도 중요한 역할을 해요. 하루의 마지막 시간에 즐거운 기억을 찾다 보면 우울함과 못한 것들에 대한 후회가 줄어들어요.

이룸 그러고 보니 매일 자려고 누우면 후회만 들었던 것 같아요. 그래서 울다가 자기도 하고. 저 해볼게요, 선생님.

상담사 그래요, 저도 응원할게요. 나중에 기록한 일들에서 공통점을 찾아서 진로를 찾는 것에 활용해 볼 거예요. 나는 사람들이 많은 환경에서 즐거움을 느끼는지, 혼자 집중할 때 더 즐거운지 같은 것들이요.

이룸 진로 생각만 하면 마음이 답답했는데, 이 정도는 저도 할 수 있을 것 같아요, 감사해요!

2 해도 안 될 것 같은데요

상담사 지난주에 자신이 좋아하는 일을 찾기 위해 기분 좋은 순간들, 다시 해보고 싶은 일들에 대해 기록해보기로 약속했는데, 일주일간 잘 기록을 해봤나요?

이룸 기분 좋은 순간은 잘 찾았어요! 산책도 기분 좋고, 친구들과 이야기하는 것도 즐거웠고, 맛있는 것 먹는 것도 좋았어요.

변화된 표정과 마음 읽어주기

상담사 일주일간 기분 좋은 일들이 있었네요. 그걸 떠올리는 순간의 이룸씨 얼굴도 기분 좋아 보여요.

이룸 맞아요, 매일 아무것도 하기 싫다고 생각했는데, 하면서 즐거워하는 내가 있다는 것도 신기했어요. 그리고 밤에 이런저런 생각을 곱씹으면서 즐거웠던 일을 회상하니까 다시 한번 기분이 좋아지는 느낌이 들더라고요.

상담사 너무 잘됐네요. 지난주보다 이룸씨의 에너지가 느껴져요.

이룸 감사합니다. 그런데, 잘할 수 있다고 생각하거나 다시 하고 싶은 일은 못 찾았어요.

상담사 그럴 수 있죠. 아직 일주일밖에 안 되었으니까요.

이룸 그런데 시간이 지나도 마찬가지일 것 같아요.

상담사 시간이 지나도 잘할 수 있는 일이 떠오르지 않을 것 같아요?

이룸 네, 몇 가지 해본 적이 있는데 다 안될 것 같단 생각이 들었어요.

상담사 이룰 수 없는 너무 대단한 일이라는 생각이 든단 뜻인가요?

이룸 그렇다기보다는, 생각해 봐도 제가 잘 해낼 수 없을 것 같다는 생각만 들었어요.

상담사 그 일이 예전에도 많이 해본 일이지만 다시 해봐도 어려울 것처럼 느껴졌어요?

이룸 음, 해본 적은 없어요. 해본 적은 없는 일들이지만 그래서 더 할 수 없다고 느껴졌어요.

상담사 해본 적 없는 일은 아직 할 수 없는 게 당연하죠. 어떤 일을 했을 때 처음부터 잘할 수 있는 사람은 별로 없어요.

이룸 그렇지만 다른 사람들은 다 처음부터 해내는 것 같던걸요.

상담사 이룸씨가 볼 때에는 다른 사람들은 다들 잘 해내는 것처럼 보이죠? 다른 사람이 하면 다 쉽게 하는 것 같이 느껴지곤 하잖아요.

이룸 맞아요, 다른 사람들은 다 처음 하는데도 척척 해내는데 저는 자꾸 할 수 있을까, 이런저런 부정적인 생각만 들어요.

상담사 그런데 다른 사람들도 실제를 들여다보면, 처음에 비슷한 활동이라도 시도해 봐서 다음 것을 조금 더 잘할 수 있는 거예요. 그래서 성공을 위해서는 처음부터 잘할 수 있는지를 가늠하는 것보다 시도해 보는 것이 중요해요. 그래야 다음번에 경험치가 쌓이니까요.

이룸 하지만 엄두가 나지 않아요.

상담사 어떤 생각이 행동을 시작하지 못하게 하는 것 같아요?

이룸 방학을 해서 시간 여유가 좀 생기면 계획해서 할 수 있지 않을까요?

상담사 네, 아직은 여유가 없는 것 같은 마음이 드나 보네요. 자꾸 부족한 부분을 살펴보니까 하지 말아야 할 이유가 늘어나는 것처럼 들리기도 해요.

이룸 정말 맞아요. 고민하다 보면 하지 말아야 할 이유가 생각나고, 그러다 매번 하지 않는 것으로 결정을 내려요.

진로 방해물에 대한 현실성 점검하기

상담사 그러면 일단, 하고 싶다고 생각한 일들을 좀 적어볼까요? 그리고 이룸씨가 생각한 하고 싶은 이유와 할 수 없는 이유를 쭉 적어보세요.

하고 싶은 일		확인 결과
하고 싶은 이유		
할 수 없는 이유		

이룸 막상 적으니까 할 수 없는 이유가 많지 않네요.

상담사 그렇죠? 머릿속으로만 생각하면 엄청나게 많은 것들이 있을 것 같은데 막상 적어 보면 걱정했던 것보다는 조금밖에 없어요. 이유들을 보니까 가장 많이 적은 게 '해본 적 없어서' 네요.

이룸 네, 해보지 않은 건 할 수 없으니까요.

상담사 아까 말했던 것처럼 해보기 전에는 할 수 없다, 라고 확답할 수 없어요. 실제로 할 수 없는지 시도해 봐야죠. '해본 적 없어서' 라는 건 확인 결과에 X표시를 할게요. '시간이 늦어서' 라고 적은 것도 있네요.

이룸 네, 이제 제가 대학교 3학년이라 어떤 일을 할지 확정해야 하는 시간인데, 궁금하다고 해서 다 도전해 볼 수는 없으니까요.

상담사 음. 저도 뭐든지 다 해보세요, 라고 말할 수는 없을 것 같아요. 하지만 시간을 오래 쓰지 않아도 되는 부분에서 작게 도전을 해볼 수는 있거든요.

이룸 작게 도전을 해봐요?

상담사 네, 지금은 직업적인 부분이나 전공을 바꾸는 것으로 적으니까 오래 걸리고 힘든 일로 느껴지거든요. 전공을 바꾸거나 학원을 등록하는 것과 같이 시간이 오래 걸리고 어려운 일들이 아닌 관련된 사소한 일, 즐거운 일을 찾는 것부터 해보죠. 그걸 위해서 지금 적어놓은 하고 싶은 일을 이루고 싶은 목표가 아니라 작은 행동이나 경험으로 바꿔볼게요.

이룸 그런 일에는 어떤 것들이 있을까요?

상담사 예를 들면, 지금 여기에는 지금 직업에 작가랑 기자를 썼잖아요. 그럼 직업으로 생각하기 전에 짧은 에세이를 써보는 경험을 하는 거죠.

이룸 하지만 작가가 되려면 글을 제대로 쓰는 법이나 책 쓰는 법을 따로 배워야 하지 않을까요?

상담사 그보다 먼저 내가 글을 쓰는 걸 정말 좋아하는지, 집중해서 얼마나 글을 쓸 수 있는지를 먼저 확인해볼 수 있을 것 같아요.

이룸 아, 뭔가 두려운 생각이 먼저 드네요. 제가 이상하게 적거나 정말 능력이 없으면 어쩌죠? 그러면 너무 부끄러울 것 같아요.

상담사 혼자서 쓰는 것인데도 부끄러운 생각이 들어요?

이룸 저는요, 선생님, 혼자 일기를 쓸 때도 혹시 누군가 읽을까봐 자세히 적는 게 힘들어요. 글이라고 생각하고 적으려니까 누군가 읽을 것을 생각하게 되고, 이상하게 쓸까봐 너무 걱정돼요.

상담사 누군가 읽게 되고 그게 잘 써진 글이 아니라면 어떤 문제가 생기게 될까요?

이룸 그걸 읽은 사람들이 저를 비웃지 않을까요? 이렇게 못 쓰는데 무슨 작가가 되겠다고 글을 쓰냐고.

상담사 이룸씨가 무언가를 시작하는 데 방해가 되는 일에는 타인의 시선도 있었네요. 되돌아보니 이룸씨가 3학년이 되었는데도 진로를 확신하지 못한 것을 판단할 때도 타인의 생각을 걱정했던 것 같아요.

이룸 네, 신경 쓰지 않으려고 해도 저절로 그런 생각이 들어요. 저도 그냥 신경 쓰지 않고 하고 싶고, 실제로 누가 제 글을 읽게 될 가능성이 진짜 낮다고 생각하거든요? 그런데도 막상 뭔가를 하려고 하면 그런 생각들이 떠올라요.

상담사 맞아요, 생각하지 않으려고 하면 할수록 더 생각이 나고 얽매이게 되죠. 그 생각을 억지로 막을 수는 없을 거예요.

이룸 그러면 어떻게 하죠? 그 생각을 하면서는 무언가를 시도할 수가 없잖아요.

상담사 그 생각을 하면서도 할 수 있어요. 하지만 단 한 번의 행동으로 달라지거나, 완전히 그런 생각을 안 하게 되는 일은 일어나지 않아요. 이룸씨가 조금씩 천천히 변화를 유도해 내는 거죠. 제가 작은 일, 사소한 일로 시작하자고 했잖아요. 그 방법이 여기서도 효과를 볼 수 있을 것 같아요. 아까 일기는 쓰고 있다고 했죠?

이룸 네, 그런데 말씀드린 대로 아주 솔직하게 적진 못하고 있어요. 그리고 짧게 가끔 쓰는 정도예요. 거의 하소연에 가깝고 결국 어떤 다짐 같은 걸 쓰고 끝이 나요.

상담사 하지만 계속하고 있다는 것이 중요한 것 같아요.

이룸 초등학교 때부터 지금까지 계속 쓰고는 있어요.

상담사 이제부터는 그 일기를 조금 더 자세히 더 자주 써볼까요? 그건 할 수 있어요?

이룸 일기는 뭐, 쓰던 거니까 조금 더 자세히 자주 쓰는 건 할 수 있죠.

상담사 그렇게 시작해 봐요. 그러면서 그 시간에 느끼는 즐거움, 얼마나 오래, 많이 쓰는지 자신을 스스로 관찰해요.

이룸 이게 도움이 될까요?

상담사 그럼요, 조금씩 변화가 찾아올 거예요. 그리고 다른 일들도 생각이 난다면 이런 작은 경험의 형태로 바꿔서 실행하는 거예요. 해 본 경험이 있는 방식으로 시작하면 제일 좋고요. 지금까지 이룸씨가 진로 이야기를 하면서 가장 많이 한 말은 '할 수 없을 것 같다' 였어요. 이런 생각이 마음만 먹는다고 갑자기 '할 수 있다'로 바뀌지는 않아요. 계속 시도하고 행동하면서 작은 성공들을 통해 '성취감'을 느낄 수 있게 될텐데요. 이런 성취감, 뿌듯함과 같은 감정이 자신의 능력에 대한 믿음, 즉 효능감으로 연결되어 '할 수 있다' 라고 생각할 수 있게 만들어 줄 거예요.

이룸 그렇게 생각하니까 시도해 볼 수 있겠다는 생각이 들어요.

상담사 네, 응원하고 있을게요!

제8장 직업적응

1 생각할수록 걱정만 늘어요

상담사 자람씨가 오늘 상담에서 하고 싶은 이야기는 어떤 거예요?

자람 제가 이제 4학년이거든요. 막상 취업하려고 생각하니 자꾸 걱정되어서요.

상담사 어떤 부분이 걱정되는 거예요?

자람 잘할 수 있을까, 잘 적응할까, 그런 것들이요.

상담사 취업 후 직장에서 잘 적응할 수 있을지 걱정이 드는군요.

자람 생각만 해도 두려워요.

자신의 직장생활 이미지 떠올려보기

상담사 그러면 정확히 어떤 부분인지 알아보기 위해서 먼저, 본인이 생각하는 직장생활의 이미지를 떠올려볼까요?

자람 낯설고 긴장되는 환경에서 제가 조심스럽게 행동하고 있을 것 같아요.

상담사 그렇게 생각하게 된 특별한 이유가 있을까요?

자람 실수하면 안 될 것 같고, 상사나 선배들에게 잘 보여야 하니까요.

상담사 실수도 하면 안되고, 선배들에게 도 잘 보여야 하고.. 그런 생각을 하게 된 경험이 있었어요?

자람 네, 인턴으로 근무할 때 실수했더니 분위기가 싸해졌던 기억이 있어요. 아르바이트할 때도 일을 잘 못해서 잘린 적도 있고요. 제가 좀 일을 배우는 게 다른 사람에 비해 느린 편이에요.

상담사 아, 실수했던 기억때문에 걱정되는 부분이 있군요. 그때의 기억이 현재의 이미지 형성에 영향을 준 것 같네요. 그 경험 이후에 다르게 행동하게 된 부분이 있나요?

자람 그냥, 뭔가 잘 안되면 최대한 묻지 않고 조용히 처리하려고 했던 것 같아요.

상담사 그 방식이 도움이 되었나요?

자람 음. 실수는 안 했지만, 사람들과 거리감이 생겼어요.

상담사 사람들과 거리감은 생겼지만 실수가 줄었는데, 자람씨 마음도 좀 편해졌어요?

자람 아니요, 오히려 더 일하는 게 힘들었어요. 사람들과 친해지지 못하니까 나중에는 질문하는 것도 어려워지더라고요. 잠시 커피를 마시거나 밥을 먹을 때도 점점 혼자 먹게 되고, 위축되고. 말을 걸기 어려워졌어요.

상담사 아, 혼자가 된 기분이었겠네요.

자람 좀. 그렇죠.

상담사 그럼 적응에 있어 관계적 요소도 중요하다는 걸 느낀 건가요?

자람 맞아요. 일만 잘하면 되는 줄 알았는데, 그게 아니더라고요. 그렇다고 일이라도 잘했다면 모르겠는데, 그것도 아니고. 오히려 사람들과 관계가 나쁜 게 더 힘들었어요.

상담사 맞아요. 직장생활에서 인간관계가 굉장히 중요한 역할을 하죠.

자람 네. 휴.

상담사 자람씨가 처음 생각했던 것과 실제 직장생활은 더 중요한 것에 차이가 있었네요.

직장생활에 대한 좋지 않았던 이미지 정리하기

상담사 그럼 생각했던 상황을 바탕으로 자신의 진로 가치와 기대, 두려움 등을 정리해 보는 활동을 해볼까요? 조금 더 명확하게 진로와 직업 환경, 실제 본인한테 더 중요한 걸 확인해 보는 게 도움이 될 것 같아요. 좋지 않은 경험이 있었지만, 그것이 회사 생활의 전부는 아닌데, 미리 고민하니까 좋은 않은 경험에 머물러 있게 되는 것 같아요.

자람 맞아요! 진짜 그래요. 더 나쁜 경우를 생각하게 돼요. 제가 너무 부정적인가 봐요.

상담사 잘하고 싶은 마음이 큰 거죠. 이제부터는 좋지 않은 경험에만 몰두하지 않고, 근거에 따라 생각하는 연습을 할 거예요. 자, 차근차근 질문에 답해볼까요?

자람 네, 좋아요!

"나의 진로 돌아보기"

문항	내용(예시)
내가 이 직무(또는 분야)를 선택한 이유는?	*사람들과 소통하는 걸 좋아해서 인사직에 끌렸어요.*
입사 후 가장 기대되는 것은?	*혼자 맡은 일을 책임지고 해내는 성취감*
가장 두려운 것은?	*처음부터 실수하거나 혼날까 봐 걱정돼요.*
이전 조직에서 적응한 방식은?	*처음엔 조용히 있다가 익숙해지면 먼저 다가감*
스스로 강점이라 생각하는 적응 자원은?	*낯은 가리지만 한 번 친해지면 관계가 오래감*

2 어떤 걸 준비해야 할까요

상담사 일주일 동안 잘 점검하면서 지냈나요?

자람 네, 체크리스트를 하면서 그래도 걱정하는 시간이 줄었어요. 그런데 현실적으로 어떤 걸 준비해야 할지 또 고민이 생기긴 했어요.

상담사 한 가지 고민이 끝나면 다시 새로운 고민이 나오죠?

자람 맞아요. 끝이 없어요.

상담사 자람씨는 어떤 것들이 준비해야 할 것들로 떠올랐어요?

자람 토익이나 컴퓨터 자격증 같은 거요? 한국사 이런 것도 있으면 도움이 된다고 하더라고요.

목표 점검하기

상담사 어떤 진로방향이나 직업에 도움이 되는 걸까요? 구체적으로요.

자람 아, 다 되는 것 아닐까요?

상담사 직업마다 요구하는 업무가 다르니까 그에 맞는 자격증을 갖고 있다면 도움이 되겠죠? 모든 일이 모두에게 도움이 되는 건 아니에요.

자람 그렇긴 한데. 다른 사람들도 하는 것 같아서요. 그럼 어떤 걸 준비해야 할까요?

상담사 지난번에 정확히 어떤 직업을 선택할지는 결정하지 않았지만, 직무 분야에 대해 적을 때 곧장 답을 적었던 것 같아요.

자람 아, 맞아요. 제가 인사직 쪽에 관심이 좀 있어요.

상담사 어떤 부분에서 관심이 생기는 거예요?

자람 사람들이랑 소통할 수 있는 부분이 좋아서요. 또, 저는 소통하는 건 좋지만 모든 업무를 같이 하는 건 좀 힘들거든요. 그래서 책상에서 업무를 하는 혼자만의 시간도 있으면 좋겠어요.

상담사 인사 업무에 대해서 조금 알아본 것처럼 들려요.

자람 사실, 사촌이 인사 업무를 맡고 있어서 설명을 들었어요. 찾아본 건 아니고요.

상담사 그럼 우리 실제 인사 담당자의 인터뷰나 모집 공지를 보고 중요한 업무와 요구되는 조건을 살펴볼까요?

자람 그런 것을 어디서 확인할 수 있어요?

상담사 실제 인사 담당자의 인터뷰는 고용24(구. 워크넷)와 커리어넷과 같은 공식사이트에 있는데, 이곳에 정보가 아주 많아요. 또 구직 사이트의 모집 공지에도 있고, 요즘은 유튜브(youtube)나 AI로 검색하면서도 확인할 수 있어요.

자람 와, 늘 생각만 했지, 이렇게 찾아보는 방법이 있는지 몰랐어요, 감사합니다!

상담사 누군가의 이야기를 듣고 설명을 듣는 건 좋은 일이지만 한 사람의 경험에 편중되어 있을 수 있어요. 더 많은 정보를 얻을 필요가 있어요. 이렇게 실제 필요한 것들을 보면서 준비해야 할 것을 찾고,

내가 생각한 것과 일치하는지도 확인해 볼까요?

자람 좋아요. 원하는 직업에 관해서 회사를 하나씩 검색해 보면…. 되겠죠?

상담사 천천히 그렇게 해볼 수도 있지만, 미리 궁금한 점을 생각해 보면 더 효율적으로 찾을 수 있어요. 자람씨가 사촌과 이야기하면서 더 물어보고 싶었거나 이해가 되지 않는 점이 있었어요?

자람 들을 때는 '그렇구나' 하고 이해했는데, 막상 집에 와서 되돌아봤을 때나 아까 선생님이 질문하셨을 때 처럼 확인하지 못했던 것들이 좀 느껴졌어요.

상담사 주로 어떤 내용이 궁금하던가요?

자람 일단 아까 선생님이 직업마다 준비해야 하는 자격증도 다르다고 말씀하셨을 때, 어떤 게 필요한 지도 알아봐야 했구나, 생각했어요.

상담사 정말 그 직업을 위한 준비를 시작한다면 그런 부분이 중요하죠. 자람씨가 사람들과 소통하면서 혼자서도 시간을 보낼 수 있는 직업이 좋다고 했었잖아요, 인사 담당자가 되면 어떤 부분에서 사람들과 소통하는 것인지, 또 함께하는 일과 따로 하는 일에 부여되는 시간은 어느 정도의 비율로 진행되고 있는지, 그런 질문들도 해봐야겠죠?

자람 맞아요. 소통 시간이 너무 높은 비율을 차지하면 지칠 것 같아요.

상담사 생각을 할 때마다 새롭게 궁금한 점이 생기면 찾아봤던 부분을 또 다시 찾아보게 되는 경우가 생겨요. 예를 들어, 처음에는 회사의 위치를 살펴보지 않았는데, 조사를 계속하다 보니까 회사와의 거리가 중요할 것이라는 생각이 들었다, 하면 다시 앞에 조사한 회사들도 들어가야 하니까요.

자람 근데 꼭 나중에 궁금한 것이 생각나곤 해서요.

상담사 그렇죠. 지나고 나서 곱씹다 보면 생각이 나죠. 그러니 사전에 질문지를 한 번 만들어서 어떤 부분을 알아야 하는지, 어떤 부분을 내가 중요하게 생각하는지 점검해 보는 거죠. 일반적으로 알아두면 좋은 항목들이 있는데, 그 외에도 자람씨에게 필요한 것들을 질문지 항목으로 메모해두면 됩니다. 두 가지로 해볼게요. 하나는 검색할 때 활용할 항목, 하나는 누군가를 만났을 때 물어보고 싶은 항목으로요.

검색할 항목

순번	항목	응답	출처
1	직무 내용		
2	지원 요건		
3	우대사항		
4	근무시간		
5	연봉		
6	위치		
7	직무환경		

인터뷰 항목

순번	질문	응답	출처
1	처음 인사 담당 업무를 하려고 생각했던 이유는 무엇이었나요?		
2	실제 근무하면서 기대와의 차이를 느낀 부분이 있나요?		
3	근무 기간 중에 가장 성취감이나 만족감을 느낀 순간은 언제였나요?		
4	야근이나 외근이 많은 편인가요?		
5	근무 기간 중에 가장 힘들었던 일은 무엇이었나요?		

자람 이렇게 질문을 직접 보니, 더 와 닿아요. 맨날 '아 놓쳤네', 하고 후회했지, 질문들을 적어둔다는 건 생각 못 했어요. 이렇게 적어두면 다음에 기회가 있을 때는 더 자세하게 물어보는 게 가능할 것 같아요.

상담사 맞아요. 이렇게 하면 한 번의 기회가 있을 때마다 더 많은 정보를 얻을 수도 있지만, 질문들을 보면서 자람씨가 어떤 것을 중요하게 생각하고, 어떤 것에 가치를 두는지도 알 수 있게 돼요.

자람 머릿속으로 생각만 했던 것들인데 이렇게 질문지로 적으니까 제 눈으로도 보여서 신기해요. 제가 이런 걸 궁금해하는 구나, 하고 저도 어렴풋이 느껴지는 것 같아요.

상담사 좋아요, 1번 질문지를 토대로 원하는 직업과 회사의 정보를 찾아보고, 실제 해당 직업에서 일하는 사람들을 만났을 때 2번 질문지를 활용해 보기로 해요.

자람 네. 해볼게요. 감사합니다!

참고문헌

APA (2013). Diagnostic and statistical manual of mental disorders: fifth edition. 권준수 등 공역(2015). 정신질환의 진단 및 통계편람 제5판. 학지사.

Burns, D. D. (1980). Feeling good. 차익종, 이미옥 역(2023). 필링굿. 아름드리미디어.

Covey, S. R. (1991). The 7 habits of highly effective people. 김경섭 역(1994). 성공하는 사람들의 7가지 습관. 김영사.

Dinkmeyer, D. & Losoncy, L. (1996). The skills of encouragement. 김미례, 오명자, 김광운 역(2012). 격려기술: 격려 세상 만들기. 학지사.

Foa,E.B.,Huppert,J.D.,Leiberg,S.,Langner,R.,Kichic,R.,Hajcak,G., & Salkovskis, P. M. (2002). The Obsessive-Compulsive Inventory: development and validation of a short version. Psychological Assessment, 14,485-496.

Pauk, W. (1962). How to study in college. Houghton Mifflin.

Seligman, M.(2002). Authentic happiness: Using the new positive psychology to realize your potential for lasting fulfillment. 김인자, 우문식 역(2014). 마틴 셀리그만의 긍정심리학. 물푸레.

임준석 (2007). 한국어판 단축형 강박증상목록(OCR-R-K)의 비임상군에서의 신뢰도와 타당도. 연세대학교. 석사학위논문.

저자 소개

김영아

충북대학교 일반대학원 교육학 박사 (교육심리 및 상담 전공)

충북대학교 일반대학원 교육학 석사 (교육심리 및 상담 전공)

충북대학교 문학사 (중어중문, 국어국문학과)

상담심리사 1급 (한국상담심리학회)

청소년상담사 1급 (여성가족부)

인지행동치료전문가 (한국인지행동치료학회)

직업상담사 1급 (고용노동부)

경력

용인시, 의왕시 청소년상담복지센터 상담원

용인대학교 학생생활상담센터 전문상담원

한양대학교 한양행복드림상담센터 책임연구원

충북대학교, 한양대학교 시간강사

한국기술교육대학교 STEP 강사 (사례기반의 진로상담 기법)

현)청소년상담사 국가자격연수 강사 (학업상담)

현)아주대학교 학생상담소 책임상담원

장혜선

강남대학교 일반대학원 교육학 박사 (교육상담 전공)
강남대학교 일반대학원 심리학 석사 (임상 및 상담 전공)

청소년상담사 2급 (여성가족부)
임상심리사 2급 (보건복지부)

경력

용인대학교 학생생활상담센터 인턴상담원
용인대학교 교수학습지원센터 전임연구원
경기대학교 교수학습개발센터 전문연구원
현)강남대학교 교육대학원 시간강사 (학습상담, 진로상담)
현)강남대학교 교수학습지원센터 책임연구원

오늘도, 상담실에서

상담 대화로 풀어낸 대학생 학습과 진로

초판발행 2026년 1월 5일

지은이 김영아·장혜선

펴낸이 노 현

편 집 조영은
기획/마케팅 이선경
표지디자인 BEN STORY
제 작 고철민·김원표

펴낸곳 ㈜ 피와이메이트
서울특별시 금천구 가산디지털2로 53, 210호(가산동, 한라시그마밸리)
등록 2014. 2. 12. 제2018-000080호
전 화 02)733-6771
f a x 02)736-4818
e-mail pys@pybook.co.kr
homepage www.pybook.co.kr
ISBN 979-11-7279-176-6 93180

정 가 12,000원